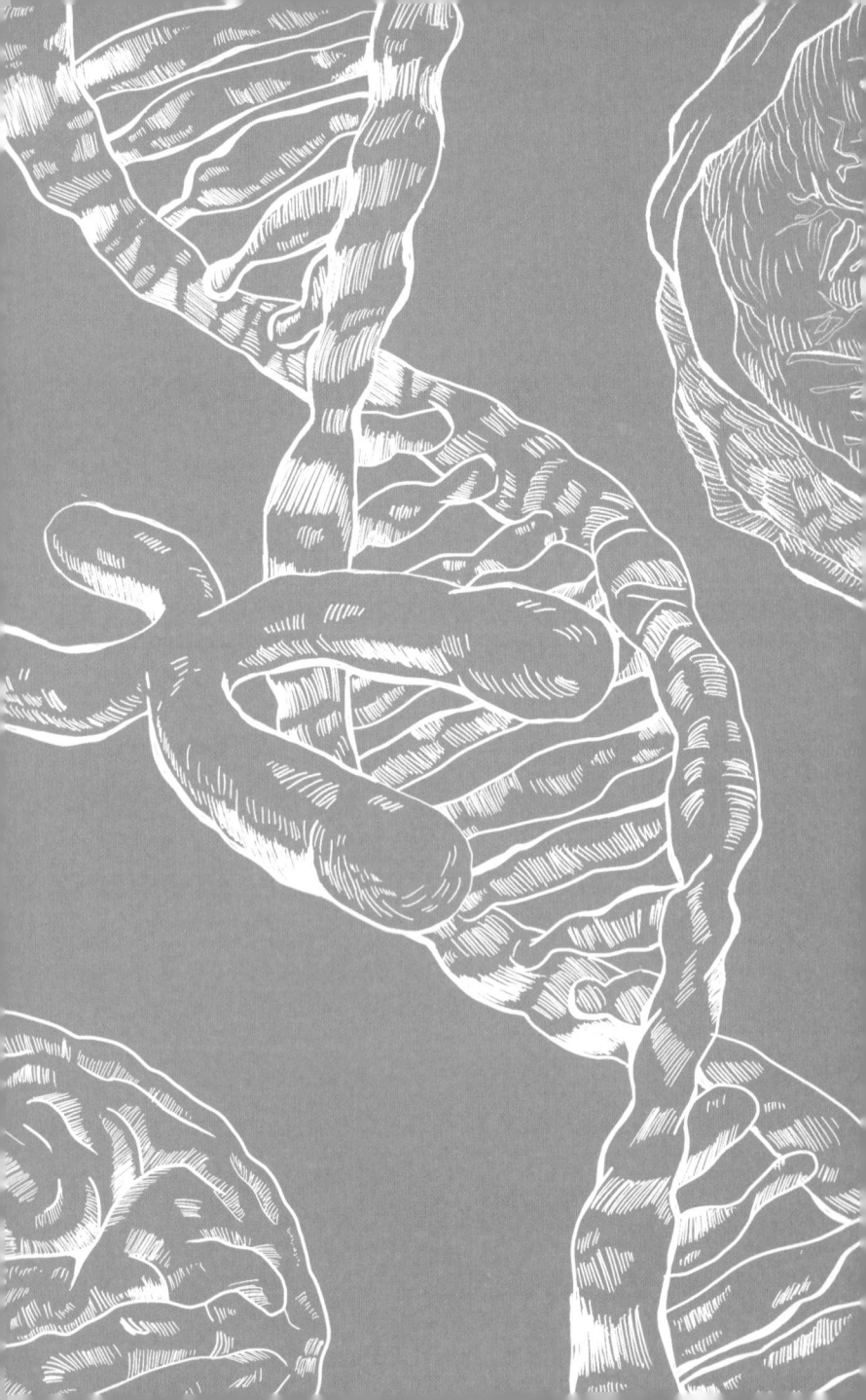

O futuro nasceu antes

MARIANA FONSECA
PESQUISA TÉCNICA: BETÂNIA LINS

O futuro nasceu antes

**GREAT
PEOPLE**
Books

À minha família, com muito amor, preocupada em pensar com carinho sobre nosso futuro.

A Betânia Lins, porque sem ela este livro não teria ido para o papel.

*PREFÁCIO
POR ADRIANA ARAÚJO

Tenho duas notícias pra te dar. Começo pela mais importante. Mariana está grávida!

A segunda é relevante apenas porque desejo entregar aos leitores ao menos sinceridade.

Mariana escolheu a pior pessoa pra escrever o prefácio desse livro.

Ela, uma futurista. Estudiosa da inovação, especialista em compreender e traduzir as próximas revoluções que vamos viver. E que chegam num ritmo cada vez mais alucinante.

Eu, uma jornalista analógica, sobrevivendo nessa selva de algoritmos, lutando pra domar os comandos *touch screen* do carro. E ainda achando os Jetsons modernos pra chuchu. (Recorra a IA se não compreender Jetsons ou "pra chuchu".)

Não tenho roupa... nem vocabulário pra frequentar o mundo que a Mariana habita.

Ao ler este livro, você vai perceber que o radar dela capta tecnologias, tendências, reflexões e soluções ainda inimagináveis pra muitos de nós. Mariana é farol, joga luz no que está por vir. No futuro que pra ela nasceu antes.

Temos apenas 11 anos de diferença. Mas parecem 11 mil anos-luz!

Só que em breve estaremos conectadas pela experiência que, ouso dizer, é e sempre será a mais revolucionária de todos os tempos: ser mãe!

Minha filha, Giovanna, nasceu em 1997. Já caminhava quando o Google ainda engatinhava. Não sei quando o filho ou a filha da Mariana vai nascer. Daqui a muito ou pouco tempo? Alguns anos a mais? Mas sei que ela está grávida. Por enquanto tem alguns embriões vitrificados a 196 graus celsius abaixo de zero. Mariana já é mãe porque assim decidiu.

Mas antes mesmo de optar por uma produção independente, via Fertilização *In Vitro*, Mariana já estava grávida. De curiosidades. De desejos, sonhos, esperanças, conflitos, amores. Grávida de coragem!

Foi com todos esses embriões dentro de si que ela pariu esse livro. Escrevia enquanto escolhia algumas das características do filho num banco de sêmen. Nas páginas desse livro você terá um encontro com a ousadia de uma mulher que nos lembra que maternidade é escolha. Como deveria ser desde sempre.

O que Mariana talvez ainda não saiba é que em breve terá dois partos. Vai parir um filho e vai se deixar nascer de novo por ele. Vai repensar, redescobrir, ressignificar. E vai entender que nem o mais genial guru da tecnologia consegue traduzir a revolução que está por vir.

Uma revolução que vem do útero, da conexão de duas pessoas que se comunicam mesmo antes de se ver. Que vão se abraçar entre soluços numa sala de parto e a partir daí nada será como antes.

Será intenso, exaustivo (não minto) e extraordinário!

E ela também vai descobrir que mães são as melhores engenheiras do futuro que existem. Capazes de transformar qualquer realidade se disso depender a felicidade dos nossos filhos e filhas.

Termino com uma curiosidade. Mariana chama seu quase filho ou filha pelo mesmo apelido que eu usava pra chamar a minha filha recém-nascida.

Pacotinho!

E isso me dá esperanças de que nesse futuro próximo em que cérebros e chips estarão cada vez mais interligados, encontraremos um caminho para permanecer humanos.

O amor é a bússola, Mariana!

> **Adriana Araújo** é jornalista com 30 anos de experiência em TV. Atualmente é âncora do Jornal da Band. Em 2020 lançou o livro *Sou a Mãe dela* pela editora Globo.

*AO LEITOR

Este é um livro vivo: o mundo digital nos permite fazer dessa obra um conteúdo contínuo. Criamos, então, um canal para que você possa se aprofundar e continuar acompanhando alguns desses sinais e dessas tendências, bem como explorar diferentes conteúdos de futurismo.

Todo esse material complementar está marcado, ao longo do livro, em palavras grifadas assim. Ao encontrar alguma palavra ou algum termo sinalizados com esse estilo, saiba que tem mais informação disponível para você se aprofundar em nossa página.

ofuturonasceuantes.com.br

✲SUMÁRIO

INTRODUÇÃO 11

CAPÍTULO 1: TRAZER UM FILHO AO MUNDO, MAS EM QUAL MUNDO? 25

CAPÍTULO 2: PARA QUE MUNDO EDUCAR? 39

CAPÍTULO 3: PARA QUE MUNDO FORMAR? 71

CAPÍTULO 4: QUAL MUNDO VAMOS VIABILIZAR? 103

CAPÍTULO 5: E QUE MUNDO SERÁ ESSE? 147

CAPÍTULO 6: E COMO VIVER PARA SEMPRE? 159

CAPÍTULO 7: E O PACOTINHO? 175

POSFÁCIO 181
AGRADECIMENTOS 185

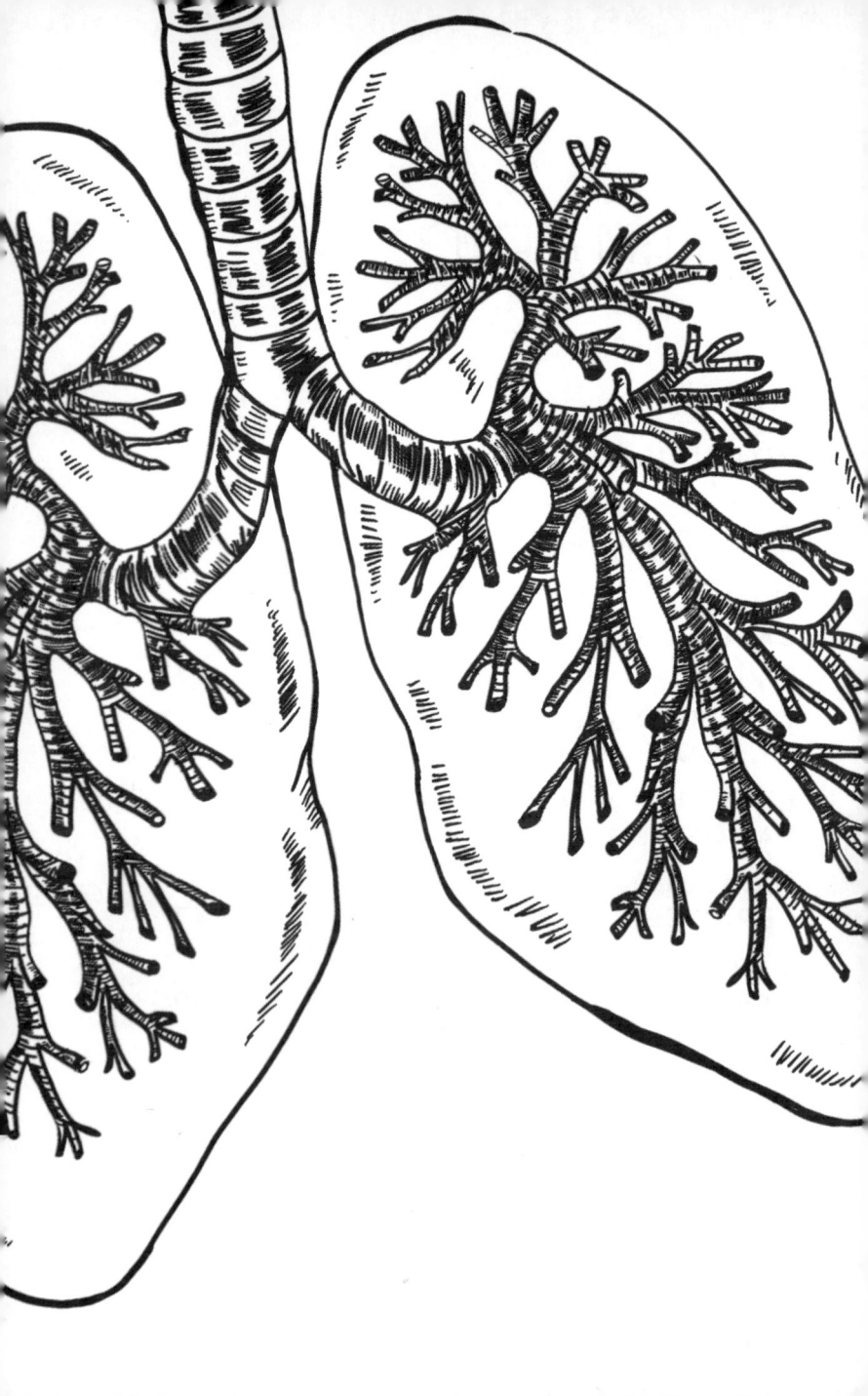

"E o futuro é uma astronave
Que tentamos pilotar
Não tem tempo, nem piedade
Nem tem hora de chegar
Sem pedir licença, muda a nossa vida
E depois convida a rir ou chorar

Nessa estrada não nos cabe
Conhecer ou ver o que virá
O fim dela ninguém sabe
Bem ao certo onde vai dar"

"Aquarela" (Vinicius de Moraes e Toquinho, 1983)

*INTRODUÇÃO

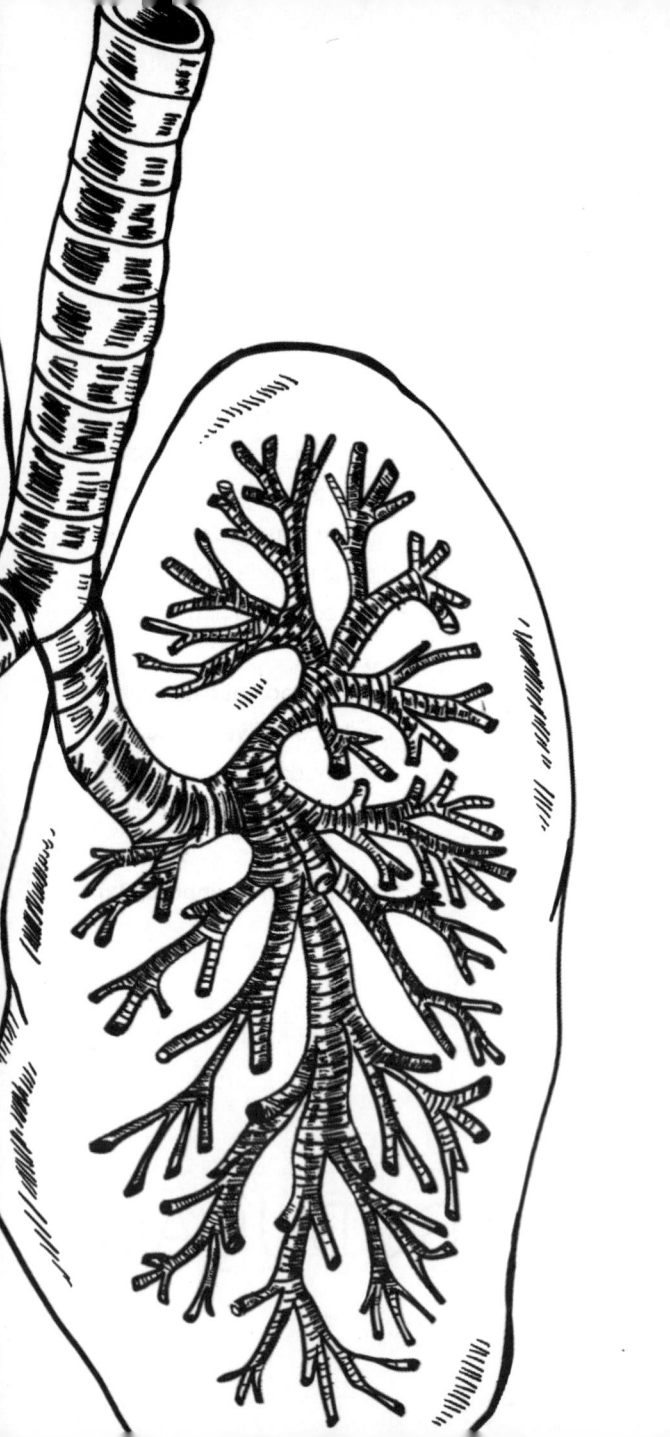

*EM PROL DO FUTURO

Quando comecei a estudar o assunto de tendências e futurismo, há cerca de quinze anos, existia um glamour renovado em torno de profissionais – ou de agências e institutos – que se arriscavam a falar sobre o futuro. Observar os movimentos sociais e as emergentes demandas e comportamentos não era necessariamente algo novo; cientistas sociais, antropólogos e sociólogos já povoavam o mercado com estudos sobre tendências de consumo que impulsionavam as agências de publicidade e as áreas de desenvolvimento de produtos de grandes empresas. Tudo isso com um certo distanciamento da cultura de massa, em busca do inédito e da exclusividade de saber primeiro. A Mariana desse tempo não pensava, ainda, na maternidade, muito menos em encará-la de um jeito tão peculiar como aquele que motivou essa Mariana do presente a escrever este livro.

A novidade, naquele momento, era uma visão de futuro que vinha da compreensão das tecnologias digitais e disruptivas que estavam acelerando o mundo e ditando novos hábitos. Os computadores pessoais, seguidos da internet, definitivamente foram grandes terremotos que mudaram o rumo da história, seguidos por revoluções nos *smartphones*, Internet das Coisas (IoT), energia e robótica. Foi durante esse "hype" que cheguei ao mercado, deslumbrada com outras soluções que se somavam a uma lista ligada a placas fotovoltaicas, biotecnologias, nanorobótica, *blockchain*, *machine learning* e todo o escopo da Inteligência Artificial. Boa parte da população – e, sobretudo, das empresas – ainda está vivendo esse momento de traduzir e compreender as novas tecnologias e os impactos delas no mercado. Nesse contexto, entraram em cena, no universo corporativo, conceitos que podem ser lidos à luz da tecnologia e do futurismo, para além das tendências de consumo.

Quando comecei a fazer dupla em estudos de futuro, palestras e formações com as amigas-especialistas em tendências como Iza Dezon e Daniela Klaiman, eu costumava brincar que as duas traziam os aprendizados da sociedade, dos inovadores, dos novos comportamentos; já eu vinha com a visão dos nerds e da tecnologia. E a gente sempre se encontrava no mesmo lugar em algum ponto de futuro. Hoje, a separação de tendências *versus* futurismo nem é mais possível; estamos todos embolados no mesmo lugar. E as duas continuam sendo as melhores em tratar de gente; eu, quase sempre, preferindo descobrir os robôs...

No entanto, a pauta com esse nome ainda não faz parte do cotidiano de muitas pessoas – mesmo que os profissionais, frequentemente, discutam inovações ou façam planejamento de negócios de médio prazo, mirando o futuro. A aceleração tecnológica e a "exponencialidade" do mundo digital são muito complexas e com cadência muito diferente daquela que o Excel de previsões e metas consegue abarcar e que deveriam ser levadas em conta. Porém, mesmo sem ter todas as ferramentas à mão, estamos todos fazendo esse trabalho de prever os próximos anos, com mais ou menos compreensão das forças envolvidas nesse futuro. Para os futuristas, é preciso olhar com atenção para as tecnologias e suas convergências, porque elas podem criar rapidamente hábitos sociais e/ou atropelar padrões recém-estabelecidos.

Para trazer um exemplo prático, nesse momento, a tendência são os planejamentos e previsões de mercado que incluam a temática ESG – na Língua Portuguesa, ASG (Ambiental, Social e Governança). Esse tópico, muito em voga no mundo do trabalho contemporâneo, precisa ser discutido com base no entendimento de cenários de futuro complexos; falar de potenciais impactos positivos, mitigação de problemas, riscos e, inevitavelmente, também à luz das novas tecnologias e soluções que impactam o trabalho e suas relações com a sociedade, o planeta e a economia. A construção desse contexto é um típico exercício de futurologia.

Tenho claro para mim que o tema "futuro e tecnologias exponenciais" precisa estourar a bolha do mundo do trabalho e passar a ser tratado em sala de aula para que todas as pessoas possam entender as responsabilidades de se pensar o amanhã e de desenvolver a própria capacidade de flexibilidade e adaptabilidade para caminhos cada vez mais desconhecidos. E não só eu tenho esse devaneio, vários outros futuristas e a Organização das Nações Unidas para a Educação, a Ciência e a Cultura (Unesco) compartilham da mesma visão. De uma forma meio tímida, esse braço das Nações Unidas criou, em 2021, um laboratório dedicado ao tema, reforçando que *Futures Literacy* é uma habilidade para todos neste século.

O termo *Futures Literacy* pode ser traduzido em português como "Alfabetização em Futuros", ou "Letramento e Numeramento em Futuros" – traduções não tão precisas e que podem demandar mais uma série de verbetes de dicionário. Por isso, prefiro usar *Futures Literacy* em inglês mesmo. O conceito envolve a habilidade que pessoas precisam ter para entender os cenários de futuro que estão se desdobrando à frente, enxergando o próprio papel nessa construção, e tomando decisões mais acertadas sobre o impacto do hoje no amanhã. Além disso, essa habilidade fala também de criatividade, imaginação, pensamento crítico e sistêmico. Sou fã e venho pensando isso há muito tempo com um olhar profissional.

Em um breve resumo, morei em seis países, principalmente, por motivos de estudo. De início, como jornalista internacional, na Universidade de Paris Panthéon-Assas, querendo entender temas como globalização, mundialização e internacionalização; subsequentemente, em busca de inovação, tecnologia e futurismos, ingressei em escolas como a Singularity University (na NASA, Califórnia), ou na Universidade Hebraica, em Jerusalém. Em toda a jornada, sempre me questionando sobre o tempo, a aceleração das coisas e os impactos dos saltos tecnológicos no mercado e nas pessoas.

Não encontrei respostas prontas. E acho que não as teremos. No mundo do futurismo, é preciso explorar cenários, exercitar a criatividade e até a fantasia dos leitores de ficção científica para colocar no papel caminhos. Escolher os melhores e tentar se proteger dos piores. Mas, inevitavelmente, precisamos falar sobre como as tecnologias mudam o mundo e incluí-las com qualidade nos planos de futuro.

Aliás, adoro o chamado "*Paces Layer*" (camadas de ritmos, em livre tradução), ideia elaborada pelo escritor americano Stewart Brand, em 1999, no livro *The Clock of the Long Now: Time and Responsibility*. Ele fala, sendo bem genérica aqui, como diferentes camadas da nossa sociedade se desenvolvem em um ritmo próprio e descompassado das demais, mas em uma dinâmica que funciona. Algumas camadas são mais transitórias, outras, mais sólidas e perenes. Sem a pretensão de explorar com qualidade nesse resumo o conceito inicial do autor, queria apresentar essas camadas, que, para mim, de alguma forma, pode nos trazer um pouco mais de clareza da aceleração e do descompasso que serão temas frequentes desta minha narrativa intimista.

Paces layer, by Stewart Brand	
Tecnologia	Dias
Trends	Meses
Comércio	Anos
Infraestrutura	Décadas
Governança	Séculos
Cultura	Milhares de anos
Natureza	Milhões de anos

Na imagem, os futuristas e fãs de tecnologia – que conheci mundo afora – incluem mais uma camada destinada à tecnologia: elemento que não está no original. O mundo digital que vivemos trouxe essa camada que se acelera e muda em questão de dias.

Interessante notar que, quando algo ocorre abruptamente – o que altera o compasso de uma dessas camadas –, outras também sofrem alterações, elas se cruzam e geram muita oportunidade para inovação. E, quanto mais baixo na série de camadas for esse impacto (pensando nos processos mais lentos como os da natureza), mais mudanças são sentidas em todas as outras camadas.

Claramente, a covid-19 se encaixa nessa lógica de impacto, de baixo para cima, em todos os níveis. Uma mutação genética/biológica que sai do ritmo natural e afeta o tempo de todas as outras coisas. De bate-pronto, aceleramos visivelmente o ensino híbrido, o trabalho nômade e/ou remoto, a telemedicina, a logística, o *e-commerce* e a digitalização em massa de soluções de governo – só para citar alguns mais evidentes nos primeiros momentos desse impacto. Se essa lógica se mantiver, haverá para os próximos anos várias avenidas de inovação abertas. Ou seja, existirá, também, uma grande necessidade de conversarmos com mais pessoas sobre cenários de futuro.

FORO ÍNTIMO

No âmbito pessoal, acredito que parte das angústias e ansiedades que enfrentamos hoje pode ser amenizada pelo exercício de futuros. A aceleração do mundo digital *versus* a nossa capacidade biológica de absorver mudanças e nos adaptar geram, necessariamente, um descompasso que pode nos deixar mais frágeis. Há quem chame de desbussolamento dessa revolução digital, como o psicanalista brasileiro Jorge Forbes – que já foi entrevistado em pesquisas da Mariposa, minha empresa de conteúdos de futuro, e que tem belas teorias sobre a diferença entre a TerraUm (aquela analógica, a que conhecemos) seus princípios e valores e a **TerraDois** (multifacetada e digital, aquela outra que estamos encarando). Isso nos deixa mais frágeis e inseguros quando não compreendemos os novos tempos.

TerraUm (pré-internet)	TerraDois (pós-internet)
Ordem vertical	Ordem horizontal
Orientação paterna	Cálculo coletivo
Verdade	Certeza pessoal
Futuro: projeção do presente	Futuro: invenção do presente
Da impotência à potência	Da impotência ao impossível
Diálogo	Monólogos articulados
Contratos descontínuos	Tratos flexíveis
Isolado	Conectado
Departamento	Caminho
Estático	Interativo
Hierarquia e grupos	Radicais diferenças
Descrição	Especulação e pesquisa
Treinamento e especialização	Pluralização de experiências
Adversidade	Oportunidade
Consumidor	Coautor
Corporações	Cooperações
Razão asséptica	Razão sensível

Fonte: Jorge Forbes, em entrevista à Mariposa.

Essa sensação de descompasso me levou à terapia, especialmente quando decidi experimentar uma tecnologia disruptiva na formação da minha família: a Fertilização *In Vitro* (FIV). Como solução, nada muito novo, apesar de tratar de um dos temas mais sensíveis, revolucionários e belos que é a geração da vida. Mas eu trouxe mais uma camada para mesa e para as sessões de análise: o desejo de fazer isso por meio de uma produção independente, ou seja, a partir de sêmen congelado e dos também congelados óvulos que guardei na juventude. Senti a necessidade de acolher o sentimento de que os anos de trabalho e dedicação aos sonhos de ver o mundo – e, ao mesmo tempo, de realizar e empreender – não estavam ocupando o mesmo tempo e espaço do meu corpo, da minha biologia e dos ovários de uma mulher prestes a fazer 40 anos. Não foi simples. E parece ser um desafio de uma geração de mulheres ao meu redor. Pelo menos até que, nesse caso, a tecnologia chegue para ajudar úteros e ovários nesse novo *timing* de jornada profissional feminina.

Escrevo estas páginas em um encontro e desencontro entre meus muitos aprendizados de futuro e a realidade da minha vida hoje. Acredito que esse convite a uma alfabetização de futuro seja para todos. Este livro é uma conversa aberta e exploratória do porvir. Os temas foram escolhidos com base em um olhar muito pessoal e em reflexões que a decisão de tentar engravidar no formato de produção independente me trouxe. Este é um exercício feito por uma mãe em potencial para você, leitor, e para o meu pacotinho encomendado (meu filho) de cenários e visões de futuro sobre a nossa sociedade.

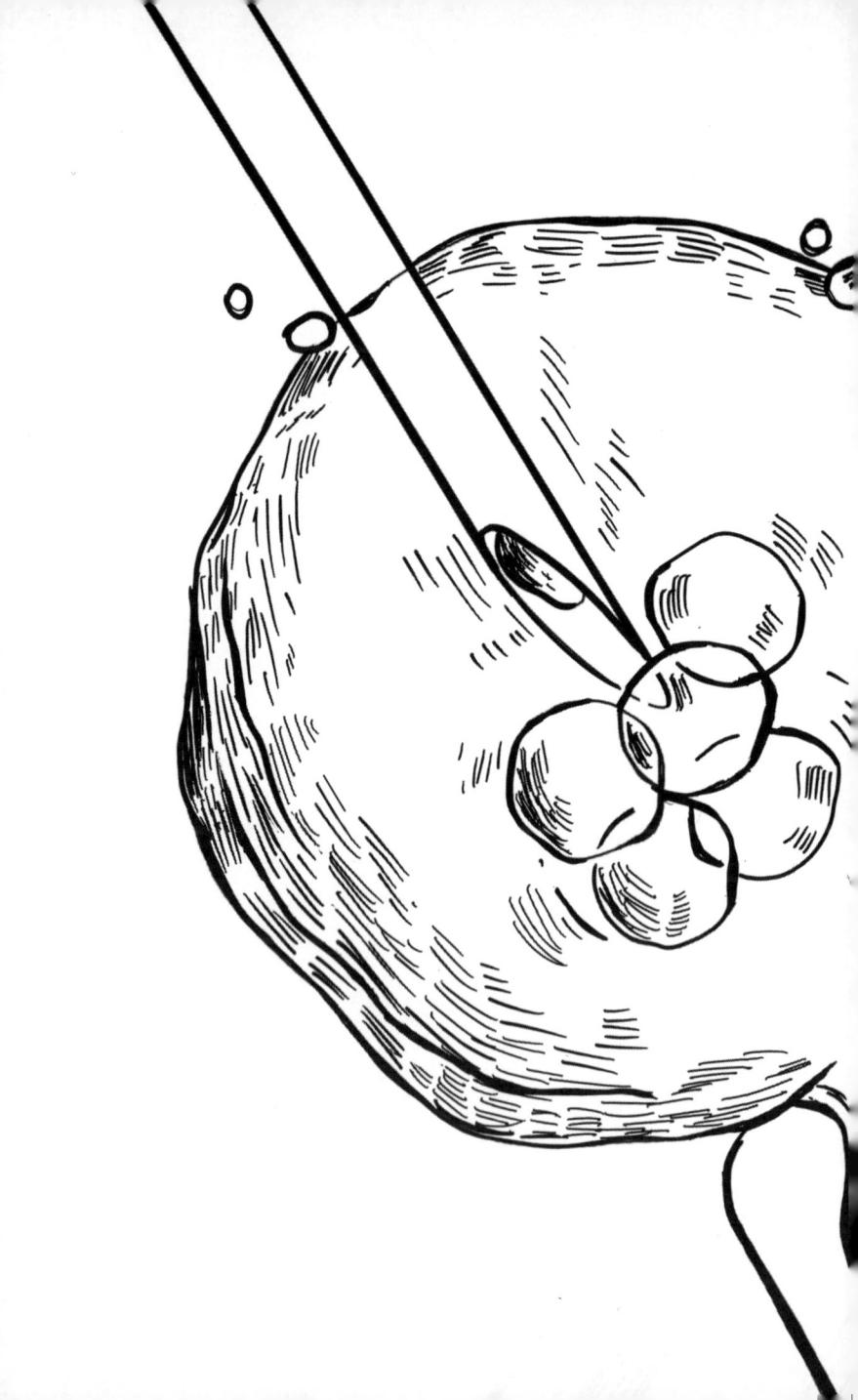

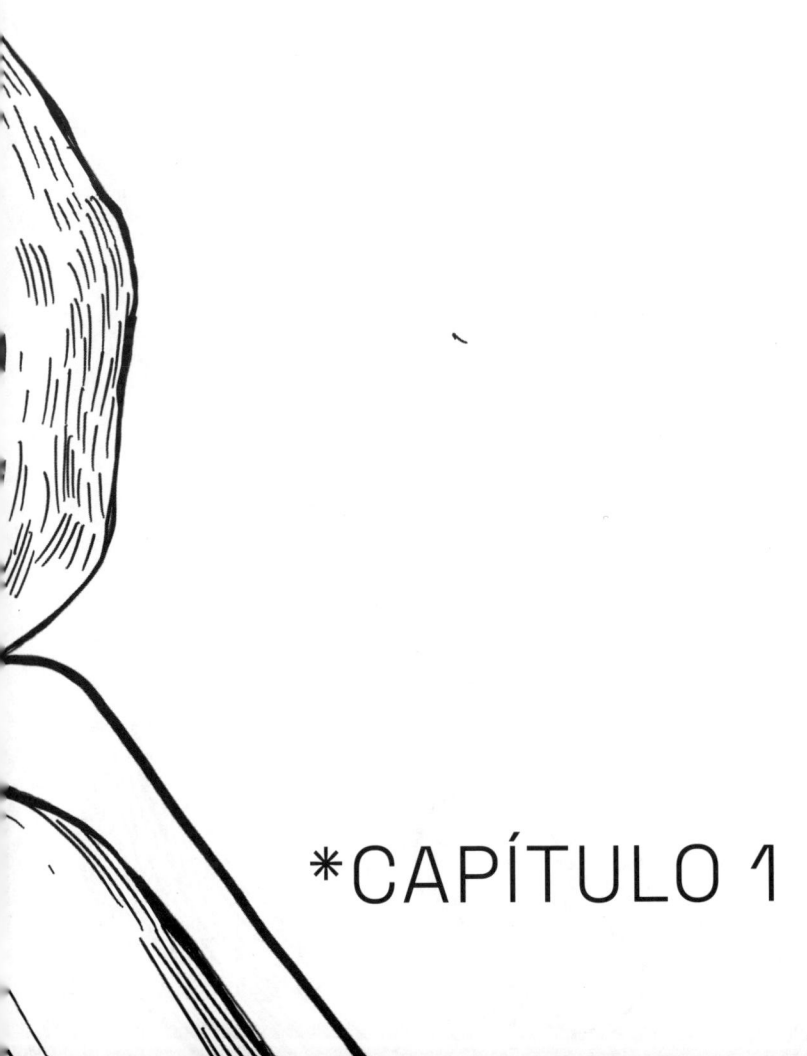

*CAPÍTULO 1

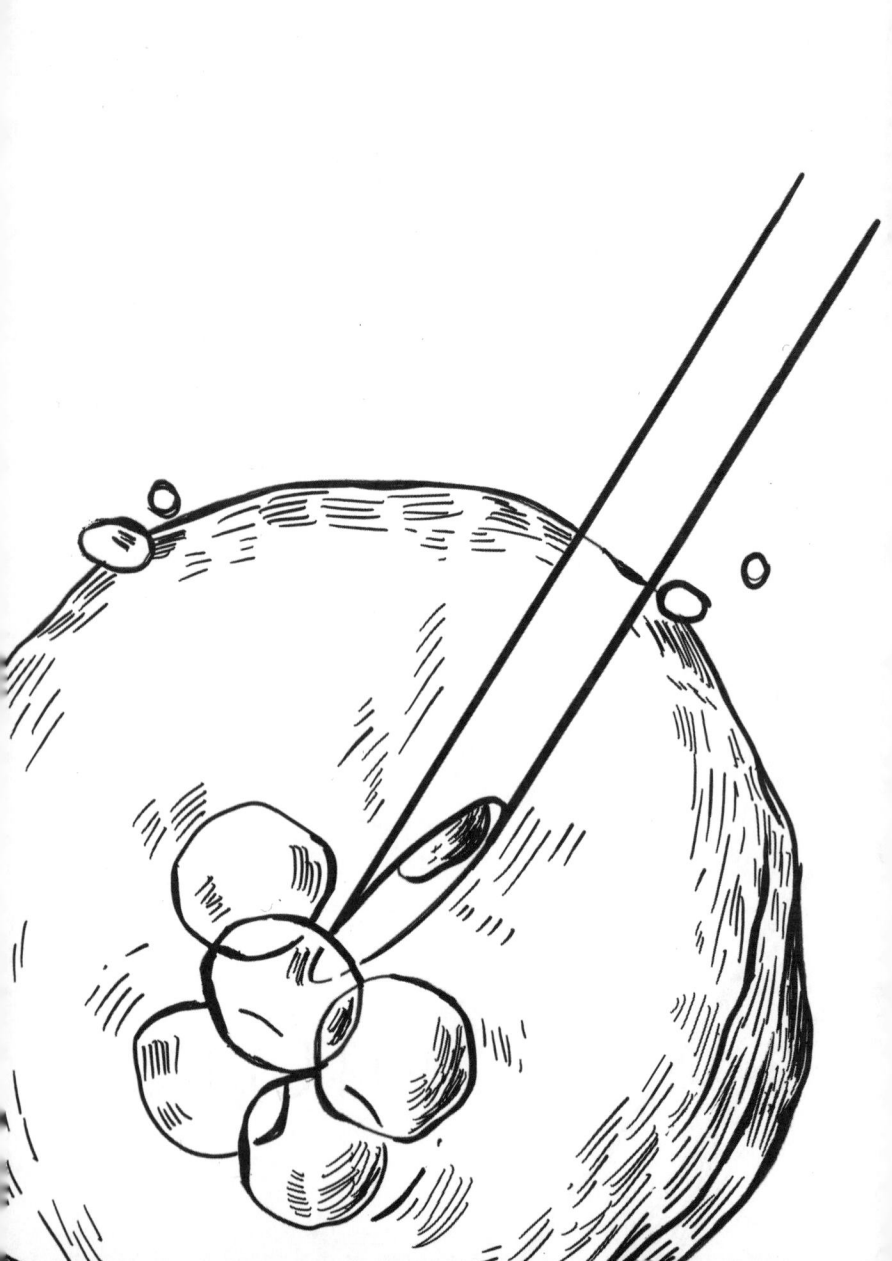

*TRAZER UM FILHO AO MUNDO, MAS EM QUAL MUNDO?

Não são todas as pessoas que têm curiosidade sobre tecnologias, futuro, exploração espacial – e que se divertem rascunhando cenários a respeito do que está por vir. Menos pessoas ainda, provavelmente, têm uma visão positiva e propositiva acerca de temas como superinteligências artificiais, *biohacking*, cibersegurança e ética – só para citar alguns. Entretanto, sinto informar que, mesmo que esses temas não façam os seus olhos brilharem ou não garantam a você horas de caminhada ouvindo *podcasts*, eles já fazem parte da sua vida. E se você não está no meu time de futuristas entusiastas, foi porque optou por não participar das conversas que acontecem todos os dias sobre para onde estamos indo ou, mais importante ainda, para onde *não* queremos ir, guiados pelo desenvolvimento que estamos produzindo como sociedade. Há muito o futuro já chegou; como diria William Gibson, famoso escritor de ficção científica e precursor do *cyberpunk*, em sua frase clichê entre os iniciados do tema, "O futuro já chegou, só não está uniformemente distribuído".

Não há como fugir. No exato momento em que escrevo estas palavras, na aba ao lado do meu *browser* estão rostos de homens de diversas etnias, altura, pesos, cor de olhos, tipos de cabelo. Todas as fotos são de doadores de sêmen, quando ainda crianças, para me ajudar a selecionar o futuro pai do meu filho. Sim, o futuro da revolução genética já está aqui. *A priori* – como mãe-solo e em um processo de produção independente –, me assustou ter que selecionar um doador definindo o que me interessava mais entre raça, cabelo, notas escolares e até tom de voz. Vieram à cabeça milhares das discussões sobre bioéticas e possíveis temáticas a serem exploradas sobre preconceitos envoltos nessa seleção. Não pretendo abordar esse tópico que pouco conheço, mas, como futura mãe, percebi o quanto isso é presente nas conversas, mesmo que nas entrelinhas das discussões com os médicos e enfermeiras. Mas, ao olharmos as informações, o futuro nos convida a uma reflexão mais darwinista.

No caso, a minha seleção não será tão natural assim; seguirá os princípios da genética. A nova leva de doadores da plataforma internacional, para além dos traços físicos e sorrisos infantis, agrega um exame de mapeamento de DNA e traços genéticos que já nos mostram – ainda poucos, proporcionalmente ao que se estuda no mundo – marcadores identificados como desencadeadores de possíveis variações genéticas, como surdez, daltonismo, deficiências pulmonares, cardiovasculares... A plataforma contém, também, o histórico familiar detalhado de problemas de saúde de pais, avós, tios e primos do doador, envolvendo desde pressão alta a fatalidades por câncer.

Talvez, agora, o título do livro tenha feito sentido para você. Sim, sou uma estudiosa de inovações, tecnologias e cenários de futuro, mas, pela primeira vez, vejo minhas pesquisas e estudos por uma lente bem concreta, neurótica e pragmática: a de mãe. Nada mais poderoso para nos trazer à realidade e tornar as nossas análises de futuro enviesadas por preocupações sobre a qualidade de vida nos próximos dez, vinte, trinta ou quarenta anos. Eu me vejo obrigada a refletir sobre tudo e, desta vez, menos em uma visão de mercado e mais no legado e nas circunstâncias de vida em torno do ser humano que me proponho a colocar no mundo.

Essa nova lente sobre o meu trabalho e a falta de um volume relevante de conteúdo disponível para me acompanhar nessa jornada de produção independente, rica em dúvidas e incertezas, são fatores que me impulsionam a digitar estas palavras e compartilhar minhas reflexões. Escrever me ajuda a organizar os meus pensamentos; espero que esta narrativa apoie os leitores curiosos (pais ou profissionais) sobre o futurismo a pensar em um lugar mais filosófico e pessoal sobre esse tema.

Resolvi o dilema da escolha do banco de sêmen me apoiando na máxima de saúde que encontrei nos estudos genéticos, ou seja, a escolha ética que fiz foi norteada por usar a tecnologia em prol da saúde do meu pacotinho. Raros doadores, como é o caso do meu, não apresentam nenhum marcador de complicações genéticas conhecidas até o momento. Estou ciente de que, nesse caso, só não há marcadores reconhecidos no mapeamento, porque também não conhecemos a maior parte dos genes que nos formam (claramente, um salto tecnológico virá quando tivermos mais propriedade sobre o DNA), mas entre saber de algumas possibilidades e saber que nenhuma das conhecidas vai existir para o meu bebê, fico com a estatística favorável.

++ As pessoas que usam a Fertilização *In Vitro* podem ver qual embrião tem menor probabilidade de desenvolver câncer e outras doenças graças à triagem genética. Mas a questão é: eles deveriam? Poder proteger o próprio filho pode escorregar para algo como brincar de Deus?

Revista Wired, julho de 2022, em tradução livre

Se você não conhece o fantástico mundo do esperma (e não há nenhuma menção aqui ao mundo da pornografia), vale deixar algumas referências. Matéria publicada no *The New York Times*, em 2021, *The Sperm Kings Have a Problem: Too Much Demand,* ressalta que nos Estados Unidos, onde estão os maiores bancos, nascem, pelo menos, entre 30 e 60 mil crianças com sêmen doado. Um dado bem estranho, já que todas as fontes dizem que são cálculos projetados ainda na década de 1980 e não atualizados. Viu como ainda falta clareza nas informações? De um lado, nasceram nos últimos anos uma média de 3,6 milhões de crianças nos Estados Unidos. Por outro lado, eles também dizem que esse mercado de bancos de sêmen foi estimado, em 2018, em cerca de 4 bilhões de dólares, sendo que os clientes seriam: 20% casais heterossexuais, 60% casais lésbicos e 20% mães-solo. A projeção é que esse número suba para 4,8 bilhões até 2027.

Por outro lado, os dados de FIV parecem já estar mais transparentes. Há alguns anos, já se fazia muito tratamento de reprodução assistida, mas era algo que ficava no núcleo familiar e que poucas mulheres compartilhavam. Hoje, é assunto ainda discreto, mas não há como fugir do volume de mulheres recorrendo a essa solução para ajudar nos mais diferentes desafios. Um artigo de Alyson Krueger, publicado em março de 2024 pelo

The New York Times (*Some Couples are Choosing to Skip Sex and Go Straight to I.V.F.*), aponta que, nos Estados Unidos, mais de 2% de todas as crianças nascidas são concebidas por meio da tecnologia de reprodução assistida – das quais, a Fertilização *In Vitro* é a mais comum.

No mundo, 12 milhões de bebês vieram ao planeta por esse método desde 1978, de acordo com o Comitê Nacional de Monitorização de Tecnologias de Reprodução Assistida. Os dados disponíveis apontam que "os casais" - um recorte do dado - que optam pela Fertilização *In Vitro* são minoria entre os que tentam engravidar; eles são ricos (o custo de um único ciclo de Fertilização *In Vitro* é de aproximadamente US$ 23.474, de acordo com o Fertility IQ, um site educacional sobre fertilidade) e estão principalmente na faixa dos 30 ou 40 anos. Ou seja, na faixa etária em que as estatísticas para conceber naturalmente não estão a favor: aos 35 anos, há 15% de chance de engravidar naturalmente por mês, de acordo com o Colégio Americano de Obstetras e Ginecologistas. Aos 40 anos, esse número cai para 5%.

Uma curiosidade nesse recorte de casais é o motivo da escolha para alguns: a logística! Há casos em que o casal não fica no mesmo lugar por tempo suficiente para fazer sexo durante as janelas de ovulação. Sexo daria todo um outro livro, já que as tendências sobre essa pauta são um tanto quanto inusitadas: o panorama é de menos sexo físico, mais virtual; mais desafios de saúde mental e menos necessidade biológica de garantir a evolução da espécie com a chegada da longevidade. Mas voltemos à reprodução sem ele.

Na pandemia, para além de bancos e clínicas de fertilidade, foram publicadas notícias de pessoas que optaram por escolher soluções alternativas, como acessar diretamente doadores – por exemplo, nas redes sociais. No Facebook, um dos grupos conta com 11 mil membros e uma lista de centenas de doadores aprovados, segundo o *The New York Times*. No Brasil, não temos acesso com facilidade a esses dados, porque a lei é mais restrita e o mercado, menos aquecido para os bancos. Mas, a título de proporção, nasceram no Brasil 1,3 milhão de bebês em 2022, sendo que 86 mil deles estão sem o nome do pai registrado na certidão de nascimento. Como jornalista, fico frustrada por não ter informações mais atualizadas para compartilhar com o leitor até o momento. E, como futura mãe, vejo como esse tema, da vida em laboratório, é sensível para muitos, sendo que temos ainda as mesmas discussões desde o primeiro bebê de proveta, que veio em 1978.

++ O Conselho Federal de Medicina determina, no Brasil, que a doação de gametas (esperma) seja feita de maneira anônima. No país, no uso de técnicas como inseminação artificial ou Fertilização *In Vitro* com sêmen ou óvulos doados, os receptores não podem conhecer o doador. Sobre a doação de esperma, qualquer pessoa pode se candidatar, desde que seja voluntariamente e tenha entre 18 e 40 anos; o doador não pode ter histórico de doença genética ou crônica (própria ou histórico familiar) ou doença sexualmente transmissível ou má-formação. Vale ressaltar que a legislação não permite o comércio desse serviço, cuja doação deve ser anônima.

> Sobre as características que são possíveis conhecer, toma-se por base o Pro-Seed, um dos maiores bancos de sêmen do Brasil: fator ABO; RH; raça; origem étnica; religião; cor de pele, de olhos, cor e textura dos cabelos, altura e peso; ocupação, hobby, signo, comida, cor predileta, se tem ou não animal de estimação; preferência musical/se toca algum instrumento; se é fumante; se serviu ao serviço militar; idiomas que fala; se tem deficiência visual, auditiva ou algum tipo de alergia; se vai ao dentista regularmente; se pratica atividades físicas e adota dieta suplementar; se tem gêmeos na família.
>
> **CREMESP**

Há muitas reflexões éticas sobre a escolha e o poder de seleção genética – algo que será potencializado nos próximos anos. Em um futuro próximo, poderemos escolher características ainda mais específicas e, até mesmo, modificar geneticamente esses embriões. Hoje, por exemplo, na pecuária, já é possível saber o sexo do embrião. É comum, no comércio desses animais, esse tipo de informação. Para humanos, pelo menos no Brasil, o Ministério da Saúde rechaça qualquer chance de sexagem de embriões, acredito eu, para evitar preconceitos e movimentos como o encontrado em determinado período na China, com a política de "One Child Nation", que levou os casais ao desespero e ao anseio por ter filhos homens – já que só poderiam ter uma única criança.

✳ FIV

O procedimento é baseado na realização da fecundação do óvulo com o espermatozoide no laboratório de embriologia, um processo *in vitro*, ou seja, no tubo de ensaio, que requer o desenvolvimento em laboratório para permitir a observação de uma evolução correta dos embriões. Após a observação correta, em alguns dias, os embriões são transferidos novamente para a cavidade uterina da mulher, para dar continuidade na evolução do embrião naturalmente.

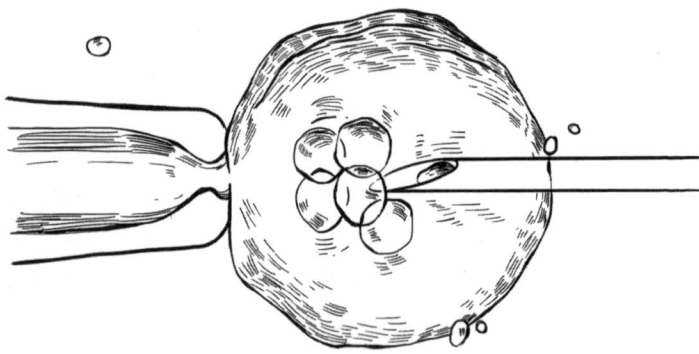

É urgente a necessidade de conversarmos com menos paixão e com mais pragmatismo sobre o desenvolvimento científico e tecnológico. Porque, independentemente das camadas ideológicas que possamos trazer para a pauta, a realidade futurista vem caminhando a passos largos, no ritmo das tecnologias exponenciais. A título de curiosidade, nos últimos anos, já fizemos células-tronco se transformarem em embriões perfeitos, sem precisar de óvulos ou espermatozoides, batizados de ==embriões sintéticos== – mérito dos pesquisadores da universidade de Cambridge, no Reino Unido.

++ A vida vista por meio da ciência é ainda um mistério. Mesmo que nossos supercérebros se tornem pós-naturais e integrados a *chips*, apostaria aqui que não será fácil explicar esse "sopro divino" que faz com que você seja você. Lendo recentemente *Breve história de quase tudo*, de Bill Bryson (2021), me diverti com sua explicação sobre átomos:

Apesar de toda atenção dedicada, seus átomos na verdade nem ligam para você – eles nem sequer sabem que você existe. Não sabem nem que eles existem. São partículas insensíveis, afinal, nem estão vivas. (A ideia de que se você se desintegrasse, arrancando com pinça um átomo de cada vez, produziria um montículo de poeira atômica fina, sem nenhum sinal de vida, mas que constituiria você, é meio sinistra.) No entanto, durante sua existência, eles responderão a um só impulso dominante: fazer com que você seja você

O mercado não tem bola de cristal ou fórmula mágica para saber o que vai acontecer, e ainda sofre de problemas "jurássicos" como levantamento de dados e leitura correta das informações, mas há signos, sinais e inovações que podem nos apontar caminhos e reflexões que não devem ser ignorados. Por outro lado, para os colegas iniciados no tema, essa não é uma proposta de um *trendbook* ou um estudo técnico, rico em cases e soluções. Trago o meu chapéu de mãe para a mesa para falar mais livremente sobre inquietações, reflexões filosóficas e emocionadas sobre os temas que venho acompanhando na minha carreira. E, inclusive, para selecionar os que mais me interessam, sem me preocupar em exaurir nenhuma temática específica.

De volta ao meu ponto inicial, independentemente de você já ter parado para pensar sobre seleção genética e mapeamentos de DNA – ou, ainda, edição de DNA –, essas soluções estão todas acontecendo ao nosso redor. Tendo os bancos de sêmen ou não informação ou legislações desenvolvidas para acolher a revolução genética e bioética que temos em mãos, ela chegou. Tendo você tomado ou não todas as suas doses de vacina contra a covid-19 a partir do RNA, as inovações em edição de DNA estão na rua. Esses temas estão empurrando o mundo para a frente. E o meu convite é que mesmo que você não tenha um entusiasmo similar ao meu, não fique de fora dessa conversa sobre o futuro do meu filho, o meu futuro e o seu!

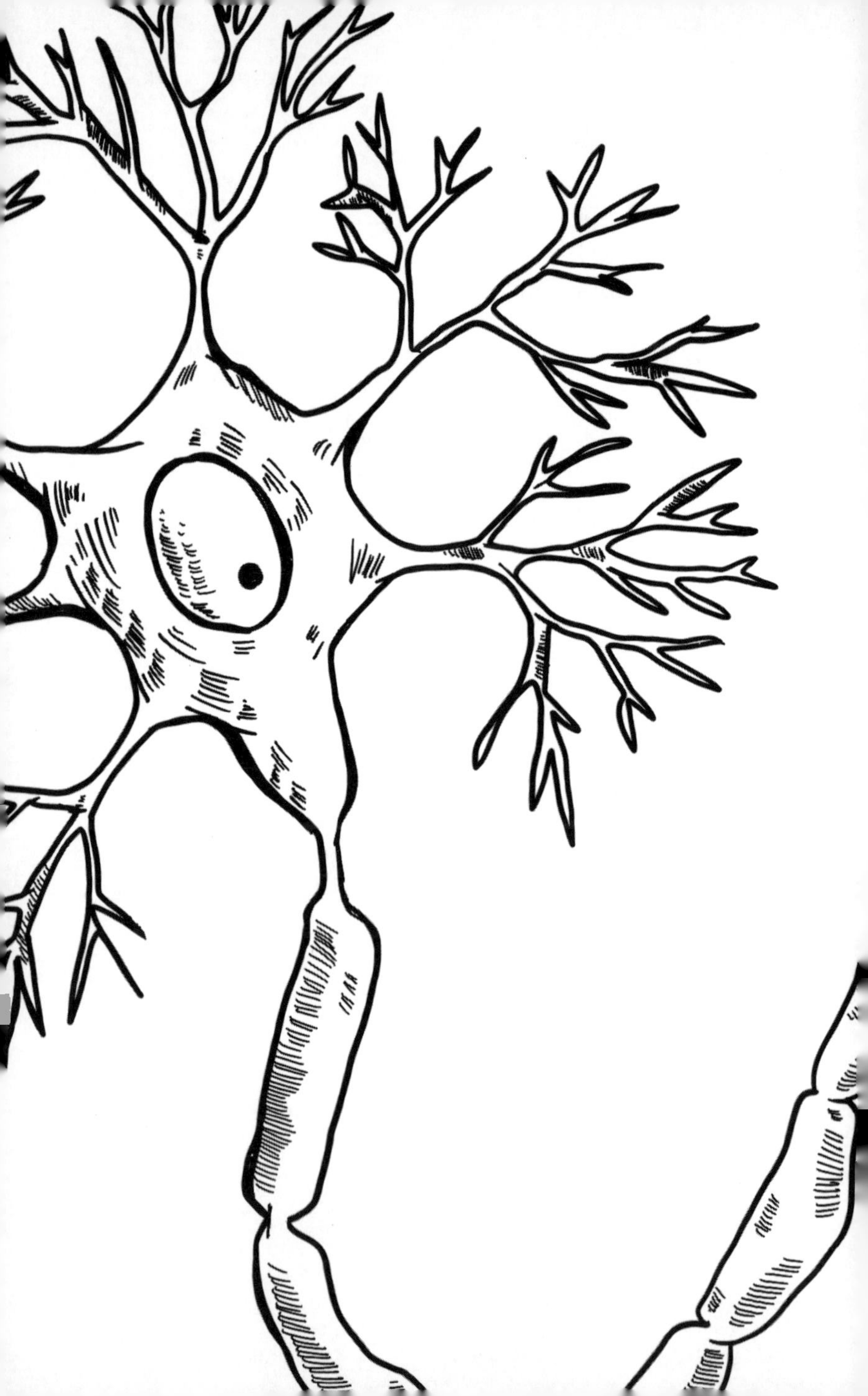

*CAPÍTULO 2

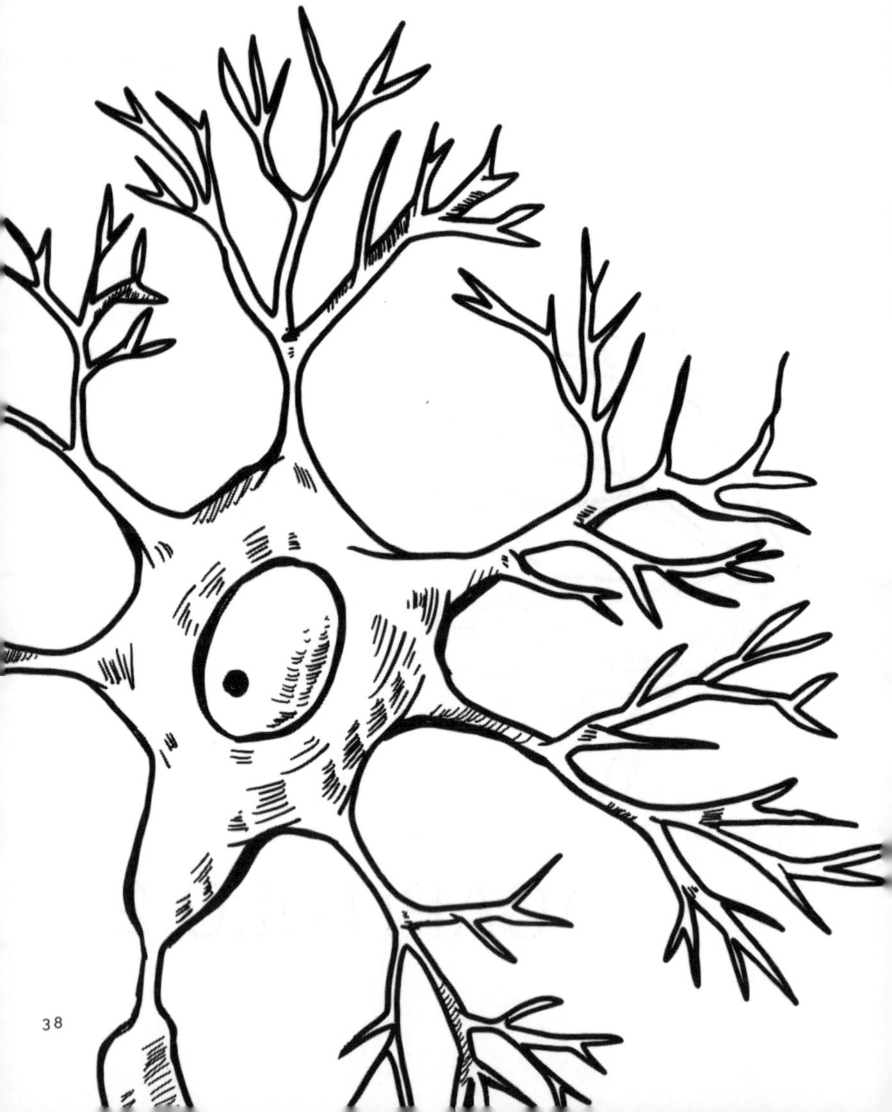

*PARA QUE MUNDO EDUCAR?

Vejamos os textos a seguir...

1. Um recado do futuro

++ Seu filho verá um futuro no qual as máquinas farão a maior parte do trabalho. Ele verá carros que dirigem sozinhos, aviões que voam sem pilotos e robôs que podem fazer praticamente qualquer coisa. Esse futuro é impulsionado pela automação – uma tecnologia que substitui o trabalho humano por máquinas. A automação já está mudando a maneira como vivemos e trabalhamos. As fábricas agora estão cheias de máquinas que fazem o trabalho de humanos. E os programas de computador agora podem, também, fazer as tarefas de trabalhadores humanos. Este futuro está chegando rápido. Seu filho verá um mundo onde as máquinas podem fazer quase tudo que um ser humano pode. Mas existem alguns trabalhos que sempre precisarão de trabalhadores humanos. Pessoas sempre serão necessárias para fazer arte, cuidar de crianças e resolver problemas que os computadores não podem resolver.

Pense em toda a tecnologia que você usa no cotidiano. Existe o computador ou telefone que você está usando para ler este artigo, o carro que você dirige, as luzes da sua casa, os eletrodomésticos da sua cozinha. Todas essas coisas são executadas pela tecnologia. Algumas delas são realmente complexas – como os satélites que nos ajudam a encontrar nosso caminho ou as máquinas que medem coisas como pressão e temperatura do ar. Mas muito disso é realmente simples, como os interruptores que acendem as luzes ou os botões que ligam o carro.

A Inteligência Artificial (IA) é outro conceito muito legal – no futuro, ela pode ser usada para criar soluções e melhorar processos de maneiras que ainda nem havíamos pensado! Ela também pode nos ajudar a entender mais e tomar decisões mais inteligentes em nossas vidas; pode nos ajudar a economizar dinheiro ou tempo. Ao mesmo tempo que a tecnologia pode ser uma ótima ferramenta para tornar a vida melhor, pode ter um impacto inesperado. À medida que ela avança, haverá coisas novas para descobrir e explorar. Mas você também precisa estar ciente das possíveis consequências – boas e ruins – desses avanços.

Por exemplo, embora a Inteligência Artificial possa levar a locais de trabalho mais eficientes, ela também pode levar à perda de empregos. Há também a possibilidade de violações de dados e outras ameaças de segurança cibernética que podem ter implicações de longo alcance. Você precisa estar ciente desses riscos para poder tomar decisões informadas sobre como usar a tecnologia em sua vida e carreira.

Em uma nota mais leve, os avanços tecnológicos podem levar a coisas como carros autônomos, experiências imersivas de realidade virtual ou até mesmo avanços médicos que curam doenças anteriormente incuráveis! As possibilidades são realmente infinitas, mas o importante é se manter informado sobre as possíveis consequências e tomar decisões éticas sobre como usar a tecnologia com sabedoria.

Hypotenuse, janeiro de 2023

2. O futuro transformador da Inteligência Artificial (IA)

++ A Inteligência Artificial (IA) é um campo em rápido crescimento que tem o potencial de mudar fundamentalmente a maneira como vivemos e trabalhamos. O futuro da IA é empolgante e incerto, com a tecnologia sendo desenvolvida e aplicada em uma ampla gama de setores e aplicações.

Uma das áreas mais importantes em que a IA provavelmente terá um grande impacto é no campo da saúde. Ferramentas de diagnóstico e tratamentos baseados em IA já estão sendo desenvolvidos e testados, com o potencial de revolucionar a forma como abordamos a medicina. Por exemplo, algoritmos de IA podem ser treinados para analisar imagens médicas e fazer previsões de diagnóstico com alto nível de precisão. Isso poderia permitir que os médicos identificassem doenças mais cedo e com mais precisão, o que levaria a melhores resultados para os pacientes.

Outra área em que a IA provavelmente terá um grande impacto é no transporte. Carros e caminhões autônomos já estão sendo testados em vias públicas e têm o potencial de reduzir significativamente o número de acidentes causados por erro humano. Além disso, os veículos autônomos podem tornar o transporte mais eficiente e acessível, especialmente para pessoas que não conseguem dirigir sozinhas.

A IA provavelmente, também, terá um grande impacto na economia. À medida que as máquinas se tornam mais inteligentes e capazes, elas serão capazes de realizar muitas tarefas que atualmente são feitas por humanos. Isso pode levar ao desligamento de empregos em alguns setores, mas também criará novas oportunidades em áreas como análise de dados, desenvolvimento de *software* e pesquisa de IA. Além disso, à medida que a IA se torna mais avançada e acessível, as pequenas empresas poderão competir com mais eficiência com empresas maiores usando a IA para automatizar tarefas rotineiras e tomar melhores decisões.

Outra área em que a IA provavelmente desempenhará um grande papel é na educação. Já foram desenvolvidos sistemas de tutoria com IA que podem adaptar seus métodos de ensino às necessidades e habilidades individuais de cada aluno. Isso poderia ajudar a melhorar os resultados da educação e tornar o aprendizado mais acessível e eficiente.

O desenvolvimento da IA levanta questões éticas importantes, como o impacto nos empregos, privacidade e preconceito. Uma das principais preocupações é que os sistemas de IA possam perpetuar os vieses e a discriminação existentes, se os dados de treinamento nos quais o sistema foi construído contiverem vieses. Além disso, será importante estabelecer regulamentos e diretrizes claras para o uso da IA para garantir que ela seja desenvolvida e usada com responsabilidade.

Em conclusão, a IA é uma tecnologia com potencial para mudar o mundo de várias maneiras, tanto positivas quanto negativas. Será importante que governos, empresas e indivíduos trabalhem juntos para garantir que os benefícios da IA sejam alcançados, minimizando seu impacto negativo. Com regulamentação, pesquisa e desenvolvimento adequados, a IA pode nos ajudar a construir uma sociedade mais próspera, saudável e justa para todos.

ChatGPT, **janeiro de 2023**

O primeiro texto que você leu (*"Um recado do futuro"*) é parte de uma versão de redação – que ficou longa, três páginas de Word – que uma Inteligência Artificial aberta ao público produziu sobre os temas futurismo, educação dos filhos e Inteligência Artificial. Um amigo gentilmente me mandou essa brincadeira, que chegou com o título: "Preparando-se para o desconhecido: navegando a IA", em tradução livre do texto original em inglês. O texto é muitas vezes desconexo e repetitivo; pode faltar uma certa profundidade em alguns tópicos e, claro, parte da qualidade se perde na tradução do inglês para o português, conduzida pelo Google Tradutor.

Instigada pela brincadeira, decidi testar uma segunda ferramenta – talvez, a que se tornou mais famosa durante o ano em que escrevi estas páginas – o ChatGPT, tecnologia baseada em

Inteligência Artificial capaz de "imitar" a linguagem humana para responder a perguntas dos usuários com certo grau de profundidade. E, como você pôde ler, o resultado é igualmente incrível, talvez mais específico, ainda que apresente a mesma falta de profundidade da Hypotenuse.

> ✹ **IA Generativa**
> Inteligência Artificial Generativa, ou, em inglês, *Generative Artificial Intelligence*, é um subcampo da Inteligência Artificial. De forma simplista, a descrição generativa vem porque, além de rotular e classificar dados, ela consegue ainda construir conteúdos.

Óbvio que se vamos abrir a caixa-preta da Inteligência Artificial generativa — aquelas que não só processam e organizam informação, mas que criam, sozinhas, conteúdo (textos, imagens, vídeos, códigos, projetos etc.), a partir de poucos *inputs*. No entanto, é preciso lembrar que elas se alimentam, principalmente, de dados disponíveis gratuitamente na internet, o que inclui notícias falsas, informações erradas, preconceitos... Se você acompanha essa conversa, do tempo em que escrevi este capítulo (achando que estava sendo muito engraçadinha deixando uma IA escrever por mim) ao tempo que a editora precisou para fechar o livro, muita água passou debaixo dessa ponte; novas IAs cometeram erros, provocaram greves de roteiristas, brigas políticas, foram aprimoradas e mais debates surgiram. Se você não acompanhou, seja muito bem-vindo ao mundo onde todos são especialistas em problemas de IA. E, muitas vezes, quem está tentando legislar e controlar esse fenômeno é quem menos tem conhecimento para entender os desafios dessa inovação.

Para mim, um ponto fundamental é que essa inteligência coletiva da internet – que supostamente seria a base de muitas IA – ainda exclui a produção de quase 3 bilhões de pessoas que não estão *on-line*[1]. Além de, em geral, ainda oferecerem visões de mundo distintas das realidades dos seus "criadores" ou "treinadores". Marc Andreessen – cofundador da a16z, um dos principais fundos de *venture capital* dos Estados Unidos, mais conhecido por ter cocriado a empresa Netscape e Mosaic, o primeiro navegador WWW da internet – explica ainda melhor. Em entrevista ao *podcast* de Lex Fridman, em meados de 2023, ele pergunta: se uma dessas inteligências artificiais, alimentada por todo o conhecimento humano na época, se deparasse, pela primeira vez, com Galileu Galilei e suas teorias, o que faria? Iria ela compilar a visão humana que desconhecia o tema e negar a teoria do cientista? Ou iria ela checar as contas e concordar com suas hipóteses sobre a Terra girando em torno do Sol? E, claro, estamos falando ainda de uma máquina sem consciência, sem julgamentos para produzir. Acho que essa visão de Andreessen resume bem o debate de IA e com o que temos que nos preocupar com o cenário futuro próximo.

Fato é que as superinteligências estão por aí, por toda parte, pouco a pouco, sendo copilotas de soluções em todas as áreas da vida, de relacionamentos à saúde; elas estão encontrando padrões,

---

[1] O Global Development Report (Relatório de desenvolvimento global, em tradução livre), aponta que, até o fim de 2021, aproximadamente 38% da população mundial, aproximadamente 2,9 bilhões de indivíduos, não possuía acesso à internet. Entre os principais fatores que dificultam a inserção dessas pessoas ao mundo digital estão a falta de condições financeiras para adquirir os aparelhos necessários; preços inacessíveis dos serviços de internet em algumas regiões e países; e as dificuldades de determinados grupos ao manusearem dispositivos digitais.

hábitos, erros, problemas, diagnósticos e customizando de DNA a sonhos de consumo.

Não quero perder nenhum leitor já de cara com essa pauta de "consciência" e robôs – que abriria mais uma porta no tempo e espaço de futuros possíveis... Porém, com a introdução do capítulo, acho que fica claro o porquê de professores no mundo todo estarem sofrendo com os alunos que usam a ferramenta para colar em provas ou adiantar o dever de casa. E, com a opinião de especialistas no tema, o motivo parece ser o menor dos desafios que estão por vir se a educação se mantiver no padrão que tem tido até hoje. Previsões de quarenta anos atrás, de Kai-Fu Lee, ex-presidente da Google China, escritor e um dos maiores especialistas mundiais de IA, diziam que neste momento já teríamos bem desenvolvidas as IA: autônomas, de percepção, de negócios, da internet. Ele não errou ao falar sobre jogos, entretenimento, redes sociais, serviços financeiros, agricultura e os demais baseados em IA.

Em 2024, ainda leio manchetes de jornais com as mesmas frases de futuristas, estampando crenças que eu ouvia nos corredores da Singularity, em Mountain View, em 2014 como aluna e, em 2015, como profissional: "Não há mais como prever o que os alunos precisam saber daqui a vinte anos, quais habilidades vão precisar para navegar a sociedade; o mundo pode ser completamente diferente do que projetamos."

Sabemos disso há um tempo, entretanto, na educação, ainda estamos começando a descobrir como será essa relação de estudar e aprender tendo como copiloto uma máquina. Mais ainda, temos de descobrir formatos de avaliação de habilidades e competências nesse novo cenário. Talvez o que tenha que mudar mesmo é o que entendemos hoje como metodologia de ensino.

> Inteligência Artificial (IA) é uma combinação de *software* e *hardware* capaz de executar tarefas que normalmente exigiria a inteligência humana. A IA é a explicação do processo de aprendizado humano, a qualificação do processo de pensamento humano, a explicação do comportamento humano e a compreensão do que torna a inteligência possível. É o passo final da humanidade na jornada para entendermos a nós mesmos...
>
> Kai-Fu Lee[2]

2018 Onda 4: Ia autônoma
Agricultura, manufatura (robótica), transporte (veículos autônomos)
2016 Onda 3: IA de percepção
Agricultura, manufatura (robótica), transporte (veículos autônomos)
2014 Onda 2: IA de negócios
Serviços financeiros, educação, serviços públicos, médicos, logísticos, cadeira de suprimento, back office
2010: IA de internet
Websites/apps, busca, anúncios, jogos/entretenimento, e-commerce, rede social, estilo de vida na internet

Fonte: LEE, Kai-Fu; QIUFAN, Chen. *2041 – Como a Inteligência Artificial vai mudar sua vida nas próximas décadas*. Rio de Janeiro: Globo Livros, 2022. p. 11.

---

[2] Ex-presidente da Google China, escritor e um dos maiores especialistas mundiais de IA. A frase foi escrita há mais de quarenta anos, quando Lee concluiu o doutorado na Carnegie Mellon University.

EDTECHS

Nada mais retrô do que o futuro da educação. Por muitos anos escrevi sobre esse tema. Como jornalista e editora-chefe do *Porvir*[3], plataforma especializada no tema que ajudei a criar, ou mesmo na Mariposa – empresa que fundei em 2011 e que faz conteúdos de tendências, futurismo e tecnologias –, fui e voltei nesse assunto de várias formas, analisando o olhar dos governos, dos gestores, dos professores, dos empreendedores e dos alunos. Esse talvez seja, em termos de gestão e escala, o tema mais desafiador que conheci de perto. Um lugar no qual boas intenções, paixão, dinheiro e inteligência parecem não ser suficientes. Escolas são um universo à parte, que dependem de muitas variáveis e também de crenças e estilos de vida. Pensando nas estruturas tradicionais de ensino, as escolas de formação básica, eu me pego em um dilema: nunca soube, de fato, responder aos amigos que me pediram opiniões sinceras sobre como escolher a melhor opção para os filhos. Não sei dizer qual metodologia ou sistema é o melhor, menos ainda qual faz mais sentido para uma pessoinha específica, com seus humores e personalidade.

Inclusive, foi observando o Futuro da Educação por essa lente do *Porvir* que percebi esse desejo de ser mãe. Não me esqueço quando, em viagem para acompanhar o primeiro SXSWEdu – a versão de educação do evento mais famoso de inovação, que acontece todos os anos em Austin, Texas, nos Estados Unidos –, tive o privilégio de ver ao vivo Bill Gates discursando sobre o tema e suas visões para tecnologia e educação. Emocionada, saí do evento

---

[3] O Porvir é a principal plataforma de conteúdos e mobilização sobre inovações educacionais do Brasil. Disponível em: https://porvir.org/ [N.E.]. Acesso em: ago. 2024.

e me deparei com várias crianças caminhando, como se fossem pacotinhos, cheias de casacos e em grupo, saindo de alguma outra área do evento; muito organizadinhas em fila, todas vestidas com aqueles casacos corta-vento, que mais parecem um colchãozinho. Desde então, me divirto com amigos queridos, brincando que vou arrumar um pacotinho desses para mim. Por isso, não se assuste, é com muito carinho que muitas vezes me refiro a essa criança que quero ter como pacotinho.

Inclusive, já que fiz esse parêntese, menciono mais uma vez o *Porvir*. É inevitável pensar nesses conceitos de educação integral e não lembrar do falecido Gilberto Dimenstein[4], uma pessoa que eu adoraria ter convidado para escrever o prefácio deste livro, por sua paixão por educação e inovação. Esse mundo surgiu para mim em um convite dele para abrir o *Porvir*, e muito do que aprendi sobre o tema deve-se à convivência com a Anna Penido, sua esposa, e com minha amiga e então editora-assistente Patrícia Gomes – e com as conexões da minha mentora e jornalista Iza Moi. Todas *experts* em educação e dedicadas a pensar nesse equilíbrio entre o mundo novo que surgia (ainda falávamos da chegada do Facebook nas escolas) e o desafio de acesso à educação de qualidade para a maioria.

Não à toa, esse talvez seja o ponto mais sensível da minha positividade para o futuro. Não sei dizer qual proposta de ensino tem o meu voto. Especialmente, se o convite é para uma visão mais estruturante de país. Tendo a acreditar na customização e

---

4 Gilberto Dimenstein se formou na Faculdade Cásper Líbero, em São Paulo, e começou a atuar no jornalismo em 1977. Publicou, ao longo de sua vida, mais de dez livros (em 1994, inclusive, ganhou o prêmio Jabuti de melhor livro de não ficção pela obra *O cidadão de papel*). Foi o fundador da organização não governamental Cidade Escola Aprendiz, criada a partir de um projeto experimental de comunicação e educação com alunos do ensino médio em 1997. [N.E.]

na diversidade, o que complica muito uma gestão já impossível de sistema de ensino em escala. Mas, por sorte ou por liberdade, estou aqui nesse projeto de mãe, pensando em um único indivíduo, o que me facilita ser propositiva. Se tivesse coragem e dinheiro, talvez seria um desses pais malucos, como Elon Musk, que abriu uma escola para os seus filhos, nos moldes em que acredita de como a educação deveria ser – pessoalmente, amaria estudar agora mesmo na Ad Astra, com sua visão de pesquisa, habilidades diversas e STEM.

Tendo a acreditar que a solução mais genérica está no "*back to basics*" (voltar ao básico). Nada mais moderno e futurista do que acreditar em um modelo de educação personalizado, no qual os pilares são valores éticos, aprender a aprender, desenvolvimento físico, emocional, intelectual, social e espiritual. Simples, profundo e muito complexo de ser aplicado na escala. Mas, para o meu pacotinho, esse é o *framework* que gostaria de seguir. Especialmente porque me questiono todos os dias, olhando para os conteúdos a serem aprendidos, aquilo que é mais relevante, aquilo que fica para o futuro e aquilo que não faz sentido... Uma escolha de Sofia impossível, nada viável, diante do volume de conteúdo no qual

> **✳ STEM**
>
> Acrônimo em língua inglesa para *"Science, Technology, Engineering and Mathematics"* que representa um sistema de aprendizado científico, no qual estão agrupadas as disciplinas educacionais em Ciência, Tecnologia, Engenharia e Matemática. O termo surgiu nos anos 1990, nos Estados Unidos; em 2016, no governo do presidente Barack Obama, ganhou força por meio do financiamento de programas educacionais focados na temática.
> Fonte: Geekie.

estamos sentados hoje. Editar esse conteúdo é muito mais difícil do que adicionar. Definitivamente, uma educação puramente conteudista não funciona mais.

> ✳ **Educação Conteudista**
>
> O ensino conteudista é aquele que prioriza a transmissão de conteúdos, deixando a forma de aprendizagem, ferramentas e adaptações em segundo plano. Essa linha pedagógica é uma das mais antigas que existem. Em entrevista ao jornal *O Estado de S. Paulo*, em 2012, a neurocientista canadense Adele Diamond; nela, ela defende que não se deve concentrar esforços na formação conteudista, mas nas necessidades emocionais, sociais e físicas dos alunos na busca pela excelência acadêmica; sugere, ainda, que a avaliação das crianças inclua o seguinte critério: "aventurou-se em águas desconhecidas, tentou uma abordagem nova e diferente, foi criativo", independentemente do sucesso ou do fracasso em sua tentativa. A preocupação exagerada com o conteúdo afasta o novo, diz ela.
>
> Fonte: Porvir.

Vamos ter de unir forças, sair do cabo de guerra de quais são matérias mais relevantes e/ou os conteúdos inegociáveis e que não podem faltar. Toda a revolução tecnológica está nos possibilitando acessar os melhores e inacreditáveis volumes de conteúdos na palma da mão, soluções maravilhosas de algoritmos adaptativos que vão conhecer a fundo o que, de fato, sabemos ou não e, mais que isso, poderão personalizar aulas de matemática e física, ou ainda as realidades aumentadas e virtuais, que tornarão boa parte dos conteúdos mais visual, palatável e bela. Tudo isso, entretanto, não vai resolver os desafios básicos de se pensar o melhor modelo de escola para os seres humanos.

Antes de mais nada, aprenderemos para o resto da vida: o clichê aprender a aprender é fundamental, em qualquer cenário futurista, com ou sem soluções digitais, *on-line* ou presencial. O conteúdo em si e a experiência só valem se há uma descoberta e uma disponibilidade para o aprender. Daremos algumas voltas no mundo, e os *porquês* e *comos* ainda serão os melhores caminhos para alimentar a curiosidade e o processo de aprendizagem. Como fazer isso com qualidade para todos? Essa é a pergunta de bilhões. Até podermos fazer *uploads* no cérebro de conteúdos e aprendizados, como Neo aprendendo *kung fu* no filme *Matrix* (aposta do meu professor Ray Kurzweil para 2045, falaremos mais dele no próximo capítulo) – estaremos todos convidados a exercitar os músculos do cérebro e encontrar as melhores formas de compreender, assimilar e, mais que isso, colocar em prática os conhecimentos que adquirimos. Se um *chip* ainda não resolver o problema, é por meio de oportunidades, experiências e autoconhecimento que vamos ter de aprender.

TRIBOS E ALDEIAS: OUTRAS IDEIAS PARA EDUCAR

Esquisito evocar a ideia de tribo e aldeia em uma era tecnológica? Acho que não. É quase impossível você não ter escutado essa frase em algum momento da vida: "É preciso uma aldeia inteira para educar uma criança". Se você trabalha ou esteve em comunidades educativas, já deve ter escutado grandes lideranças do tema citarem o provérbio africano. As interpretações são diversas e usadas para defender metodologias de ensino integrais, que sugerem a interação com as pessoas, o bairro, a cidade etc.

Em uma visão mais literal e pragmática, que eu adoro – você verá neste livro alguns desses olhares de contextos nada simples em alguns dos meus raciocínios caóticos –, é necessário uma comunidade para educar uma criança. Nós, seres humanos, na contramão de outros mamíferos, nascemos inacabados, ainda muito dependentes de pais, parentes e amigos para sobreviver. A evolução do nosso cérebro antecipou o nascimento, mas, em compensação, nos obrigou a depender mais ainda da tribo, minimamente como proteção, mas também em várias esferas, como a evolução psicomotora e socioemocional como um todo. Precisamos da aldeia antes mesmo de pensarmos em educação no sentido de escola.

Essa volta toda para dizer que, defenda você a bandeira de educação que prefere ou na qual acredita – mais ainda, a que melhor vai acolher a personalidade do seu filho –, não menospreze a importância da "qualidade" das pessoas que estarão à sua volta, dessa rede de apoio, que poderíamos chamar de rede de educadores, talvez. A tecnologia, sem dúvida, é um meio incrível de evoluirmos e não deveria ser banida de forma alguma do processo educativo, na minha opinião totalmente enviesada. Mas faça suas escolhas pensando nas pessoas.

Cercado de boas pessoas – que vão trabalhar as famosas habilidades do século 21, que parecem ser também as habilidades que serão necessárias no século 22 –, será mais fácil assimilar o suporte que teremos dos algoritmos de avaliação, dos professores digitais. Será mais salutar, também, entendermos de gente para aceitar o excesso de informação que teremos sobre nós mesmos, sobre nossos hábitos, nossas formas de pensar, o que sabemos e o que não sabemos. No universo da *Big Data* de nós mesmos, a saúde verá uma revolução, mas é na educação, na precisão do conhecimento que imagino que teremos mais desafios humanos para lidar com análises de máquina. Ter um chefe-robô me parece menos pesado do que um avaliador/educador-robô.

No futuro da educação, coloco minhas fichas no fato de que vamos valorizar cada vez mais o que temos de mais humano: criatividade, colaboração, resiliência, empatia. Trataremos melhor, e com mais compreensão, as nossas emoções, já que estas, talvez, ainda sejam muito fluidas para serem colocadas em uma lógica de programação *if this then that*. Esse choque de relacionamento das emoções com a evolução do cognitivo das máquinas é o próximo desafio. Vamos precisar aprender a aprender para desenvolvermos as melhores formas de interagirmos nessa tribo que vai incluir amigos com nervos à base de cobre, silício e outras coisinhas mais.

✳ **IF THIS THEN THAT**
Serviço da web para dispositivos iOS e Android da IFTTT Inc., ele executa uma ação configurada pelo usuário quando ocorre um evento. Lançado em 2010 com o slogan "Faça a internet trabalhar para você", as demandas são configuradas para inúmeras tarefas, como enviar um e-mail para a sua mãe (se você perdeu a ligação dela); desligar o Wi-Fi ao sair do escritório; receber uma notificação quando o preço de um produto que quer comprar baixar.

NOTA SOBRE O METAVERSO

Você pode ter achado estranho a não menção, até agora, do termo que voltou à moda, o metaverso. Sim, a tecnologia imersiva, as realidades mistas e aumentadas são incríveis e fascinantes para diversos usos na educação, assim como no próximo tema que abordarei: o trabalho. A Apple voltou a trazer essa pauta à tona com o lançamento do seu Apple Vison Pro, sua primeira investida em óculos de realidade virtual. Mas, confesso, tenho certa preguiça. Talvez porque não me pareça assim um grande salto que vá mudar o rumo da civilização, como muitos outros citados por aqui. Colocaria essa pauta dentro de um chapéu maior, que inclui os dilemas das redes sociais, games e plataformas digitais como um todo e o nosso desafio de viver o real e o digital em corpos biológicos, e a nossa qualidade de relacionamento e convivência dentro do mundo virtual. Já estamos no metaverso conceitual há um tempo.

Só um aparte para quem quer ir mais longe no tempo sobre o uso do Apple Vision e similares. A futurista celebrada – que já

tive o prazer de entrevistar e que merece todos os louros pelo incrível trabalho que faz – Amy Webb, no SXSW de 2024, trouxe um questionamento meio *Black Mirror* (episódio *Nosedive*, terceira temporada) sobre o que considera ser o futuro da computação facial: "Os computadores de rosto já estão aí; imaginem o Vision Pro daqui a 18 edições. Esses dispositivos vão dominar nossas vidas, turbinados por dezenas de sensores e Inteligência Artificial. Isso vai permitir que leiam o nosso corpo e nossas intenções". Ela está falando de algo como um *social scoring*, com pessoas ranqueadas com base em pontuações sociais analisadas por essa solução. Amy vai além: "Essa é a próxima etapa do capitalismo".

Voltando ao presente, inclusive, não é fácil encontrar consenso na definição de metaverso. A compreensão comum é o entendimento de que são plataformas que fazem convergir e consolidar todas as tendências de experiência imersiva que estão se desenvolvendo nos últimos anos, em quais podemos ser usuários que vivem todos os aspectos do mundo real no digital: jogar, consumir, namorar, dormir, trabalhar, estudar, fazer investimentos etc. O termo circula no mundo da tecnologia e de futuros desde a década de 1990. Há muitos livros que contam essa narrativa. Por isso, é difícil entender como "novidade" em termos de futuro. Parece, para mim, mais uma convergência das tendências que estamos acompanhando nesse sentido.

Mas se quiser ler conteúdos mais recentes e recomendados sobre o tema há muitas opções. De acordo com a revista *Forbes* (2022), com uma estimativa de movimentar mais de R$ 2 trilhões até 2025 (Boston Consulting Group), o ecossistema de tecnologias imersivas já acumula uma literatura especializada consistente. Entre os cinco livros recomendados: *Incrível metaverso: o futuro da internet* (Daniel Petterson); *Snow Crash* (Neal Stephenson); *Step into the Metaverse* (Mark van Rijmenam); *Metaverse: The Visionary Guide for Beginners to Discover and Invest in Virtual Lands* (Clark Griffin); e *The Metaverse Handbook: Innovating for the Internet's Next Tectonic Shift* (Quharrison Terry e Scott Keeney).

Se você já tem um filho adolescente ou jovem adulto que é aficionado por videogames e comunidades relacionadas a esse universo, já deve ter observado a vida no metaverso de alguma forma. O que muda com o termo talvez seja a corrida comercial de grandes *players* da tecnologia para se tornarem a espinha dorsal desse mundo imersivo. Creio que, assim como temos grandes monopólios para o seu buscador favorito na internet, sua caixa de e-mail ou, ainda, seus sistemas operacionais, teremos também um ou alguns poucos ofertantes de metaversos. Na mesma lógica das redes sociais, é o volume de usuários e o engajamento que vão garantir a existência dessas plataformas. Se ninguém estiver por lá, talvez você também não queira estar.

Mas, já que estamos falando de educação e crianças, talvez um bom caminho para se familiarizar com o tema seja renunciar às discussões que envolvem somente a Meta e o universo do Facebook para acompanhar mais de perto o Roblox, por exemplo. A empresa bateu, em 2024, a incrível marca de 70 milhões de usuários por dia, mais de 1 bilhão de dólares de vendas dentro da plataforma só no quarto trimestre de 2023, segundo dados abertos de mercado da companhia. Um público de 42% menores de 13 anos e 44% mulheres. A comunidade em torno do jogo (e dessa experiência) vem puxando essa conversa de existir e compartilhar a vida no digital.

Talvez por ignorância ou preconceito, tendo a ver o metaverso como uma evolução, com mais qualidade de imersão, do universo *gamer* e das redes sociais. Todas essas soluções, com boas intenções e aplicações, podem despertar interesse, engajar e melhorar o processo de aprendizado. Sem dúvida, vamos ver essa convergência real e imersiva virtual se expandir nos próximos anos. Acho que me adaptei mais à holografia e a *calls* em que poderemos interagir de corpo inteiro numa sala do que aos pesados óculos de realidade virtual. E vejo muito sentido nesse formato para o trabalho e educação. Porém, parece-me mais problemático compreender e controlar o uso recreativo e social dessas ferramentas. Com cada vez mais informações sobre nós mesmos, com algoritmos que nos entendem e têm mais capacidade de adição que muita droga por aí, vamos precisar de uma evolução para fazer o uso delas com mais qualidade e visando ao melhor que elas têm a nos oferecer.

PENSANDO JUNTO...

++ A dependência digital atende pelo nome de nomofobia e começa, de acordo com especialistas das áreas de Psiquiatria e Psicologia, quando o uso da tecnologia – internet, sobretudo – torna-se válvula de escape da realidade. Nesse momento, a pessoa começa a se preocupar excessivamente em ficar conectado; no cérebro, a sensação de prazer que a liberação da dopamina promove a cada novo *like* nas redes sociais, por exemplo. Isso vai transformando o hábito em vício – e essa recompensa estimula o indivíduo a ficar mais e mais tempo *on-line*, buscando a satisfação. Por ser comportamental, o vício é difícil de ser diagnosticado e, para ser classificado, o comportamento precisa se manter por mais de seis meses e se manifestar, como sintomas, das seguintes formas: dedicar muitas horas do dia à atividade *on-line*; necessidade de usar a internet por muitas horas; falhar ao tentar se controlar (reduzir o tempo de uso da internet); irritabilidade, inquietação e sentimentos depressivos ao tentar parar ou reduzir o tempo *on-line;* passar mais tempo *on-line* do que pretendia; perder um relacionamento importante ou oportunidade pela necessidade de estar conectado; mentir para familiares, terapeutas e outros para esconder o tempo que passa conectado; e uso como forma de escapar de problemas.

Além disso, quando se fala em desenvolvimento do cérebro – o nosso, ainda biológico e sem incrementos tecnológicos –, boa parte da forma como aprendemos e retemos informação está na ação concreta e na correlação com o mundo real. Apesar de toda a qualidade do seu teclado virtual ou da própria capacidade de ditar coisas para a sua assistente robótica do celular, os seus neurônios e neurotransmissores ainda vão preferir registrar, memorizar e aprender melhor usando caneta e papel. Vários estudos de pesquisadores e neurocientistas comprovam esse ponto, para a frustração de muita gente.

++ Em um estudo publicado em 2014, realizado por pesquisadores da *Universidade de Princeton e da Universidade da Califórnia*, com uma dinâmica bem simples, dois grupos de estudantes foram avaliados em aulas de diversas disciplinas, como biologia, matemática e economia. Só que um grupo tomou notas com laptops; o outro, com papel e caneta. O grupo que anotou tudo à mão registrou uma quantidade menor de informações, mas conseguiu se sair melhor que a turma que usou notebooks em quesitos como memória, compreensão e capacidade de generalização.[5]

✳ Haptics

A palavra grega *haptics* – em livre tradução, relativo ao tato, em português – se refere à sensação do toque, ou seja, a resposta que o usuário tem ao tocar uma superfície interativa, como um iPhone. Quando a pessoa habilita o teclado virtual e toca as letras para digitar um texto, está colocando em curso esse conceito. Um dispositivo háptico cria, na prática, uma sensação física (como um empurrão ou vibração) para que o usuário saiba, por exemplo, que pressionou ou tocou em algo na tela; as telas sensíveis ao toque, por sua vez, vibram suavemente quando uma tecla é acionada.

Não ignoro também as lentes de nanotecnologia, que tornaram mais simples ainda a fusão do mundo real com o virtual e as imersões em todas as aplicações de metaverso. Ou que o desenvolvimento do mundo das soluções *haptics*, que visam qualificar a sensação de toque, áudio ou olfato das tecnologias, está extremamente aquecido. Mas prefiro levar essas soluções para o capítulo sobre longevidade e saúde, de olho – com o perdão do trocadilho – nas soluções para qualidade da visão e melhora da pressão ocular, por exemplo.

---

5 MUELLER, Pam A.; OPPENHEIMER, Daniel M. The Pen Is Mightier Than the Keyboard: Advantages of Longhand Over Laptop Note Taking. *Sage Journals*, 23 abr. 2014. Se quiser saber mais: https://journals.sagepub.com/doi/abs/10.1177/0956797614524581.

Das tendências de curto prazo – próximos dois a cinco anos – que vejo emergir, coloco minhas fichas mais no peso do controle da qualidade do seu tempo e os cuidados com a saúde mental e a necessidade de se conectar com a realidade concreta, evitando se perder no desenfreadamente no virtual. Talvez seja essa uma preocupação de mãe que engloba o uso de telas como um todo – no metaverso ou neste verso mesmo.

E, por falar em metaverso, pense que loucura foi receber a ligação do laboratório de fertilização, em um sábado de manhã, dizendo que meus óvulos estavam sendo fecundados. Eu estava tomando café da manhã com a minha mãe, em Belo Horizonte, enquanto, em São Paulo, o meu bebê começava a existir. Isso mesmo, o sêmen (que veio do exterior, de avião) se unia aos meus óvulos (coletados há alguns anos, no Brasil), na capital paulista, enquanto eu e o meu útero estávamos a 600 quilômetros de distância. Confesso que foi lindo, estranho e bastante futurístico pensar na concepção desse jeito, até mesmo para mim. Há muito ainda para compreendermos entre o céu, a terra e a tecnologia (falaremos disso nos próximos capítulos).

SAÚDE MENTAL

Tomo emprestado um termo que foi construído em 2022 por meio da parceria com profissionais do Instituto Bem do Estar (IBE) – um negócio social de São Paulo, dedicado a produzir conteúdos e reflexões sobre a saúde da mente – e expresso em produções de artistas plásticos. Segundo Isabel Marçal e Milena Fanucchi, cofundadoras da organização, "somos uma '*Sociedade de Vidro*', conceito alusivo a esse material versátil que, embora seja forte e resistente a diversas temperaturas, pode quebrar facilmente mediante um descuido. A mente é similar: aguenta diversas emoções (estresse, medo e tristeza); é versátil e mutável, mas, se não receber a devida atenção e cuidado, pode sofrer e quebrar."

Para mim, esse é um bom resumo do desafio emocional ao que estamos todos vivendo e que não pode ser atribuído apenas ao *lockdown* e aos medos oriundos da pandemia. São muitos fatores temporais, como as incertezas políticas que vieram depois, guerra etc. Definitivamente, já existe, há algum tempo, um descompasso entre a evolução tecnológica e a adaptação humana ao novo mundo. Não só a velocidade acelerada de tudo é desconfortável; a tecnologia trouxe questões como exposição em excesso a tudo: telas, pessoas, discussões, críticas ao diferente. Trouxe também o excesso de autoexposição. Trouxe uma linha tênue entre segurança e privacidade, entre versão e verdade...

No universo das tendências, ninguém discute que estamos acolhendo cada vez mais os desafios emocionais que causam problemas mentais. Há muitas soluções tecnológicas, analógicas e, inclusive, rudimentares, como estar mais próximos da natureza, respirar melhor, dormir melhor e desacelerar a cabeça. Não faltam relatórios e estudos endereçados à essa temática. Se você ainda não olhou para isso na perspectiva de família, escola ou empresa, talvez seja hora de colocar essa pauta na mesa; o mundo todo parece não fugir dela e da sua relevância. Tive a oportunidade, ainda em 2024, de entrevistar alguns especialistas mundo afora para um *trendbook* internacional de um parceiro francês; os médicos e analistas de IA de empresas que ouvi relatam que saúde mental é já, se não o maior, um dos maiores desafios do trabalho e que está sendo recorrente em tendências de consumo em mercados que nem para saúde olhavam.

Em uma nota mais divertida, estamos tendo cada vez mais conversas estranhas com os nossos psicólogos e psiquiatras. Meu pai, por exemplo, já está preparando a dele sobre a minha FIV. Depois de pedir para participar do dia da minha primeira transferência de embrião, em tom irônico e ainda digerindo tudo isso, ele disse: "Esse não é um momento que, normalmente, os pais deveriam estar presentes, mas eu gostaria de ir. Tudo bem?".

As mudanças desse novo mundo são temas muito profundos que impactam os aspectos biológico, racional e espiritual. Não acho que seja uma tendência passageira pós-pandêmica. Em prol da nossa saúde mental e da saúde da sociedade, acredito que precisaremos conversar sobre base, valores, equilíbrio entre razão e emoção e qualificar a nossa humanidade na evolução das relações homem-máquina que vêm se aprofundando cada vez mais.

Filosofei muito? Desculpe-me! Mas confesso que na educação do meu pacotinho essa ainda é uma grande interrogação que povoa a minha cabeça. Como vamos aproveitar o melhor das diferentes camadas de ritmo das inovações, que comentei no início deste livro, mantendo saudáveis as camadas mais frágeis e etéreas do nosso ser?

E por que trazer esse tema à educação? Porque, por muito tempo – e por mais tempo ainda, segundo as tendências que trouxe por aqui –, vamos continuar falando do desenvolvimento de habilidades socioemocionais para nos adaptarmos ao novo mundo. Mas vejo a necessidade de incluir, além das habilidades de lidar com emoções e acalmar mentes, o desenvolvimento do pensamento sistêmico, crítico e estratégico, ou seja, para mais perto da racionalidade. Não me entenda mal, de uma forma ou de outra essa ideia está contida nas habilidades que queremos desenvolver nas crianças e em nós mesmos. Porém, no telefone sem fio da vida, acho que muitas vezes o lado racional também foi entendido como menos relevante.

Não vejo como, em um mundo onde cada vez teremos mais informações e análises profundas disponíveis sobre tudo, não tenhamos o cuidado de desenvolver a nossa capacidade de compreensão dessa complexidade para um uso mais inteligente de toda a evolução tecnológica. Não vejo como também, em um mundo onde cada vez temos mais confusão sobre dados, desinformação e um volume absurdo de fontes e diversidade de pontos de vista, não foquemos no desenvolvimento da compreensão da lógica e da racionalidade nessas interações.

Para mim, dentro da ideia de saúde mental, muitas vezes associada às emoções etéreas e fluidas, vem também um desejo – que pode soar de outra natureza, mas acho que não seja – de um pouco mais de concretude e sentido na vida prática. Maior compreensão das coisas, mais conexão com a verdade objetiva e a realidade. E não estou sozinha nessa. Muitos pesquisadores de tecnologias e tendências vêm lançando estudos, livros e *trendbooks* sobre o tema. Steven Pinker, que já falou do *Novo Iluminismo* em livros passados, agora, por exemplo, traz na sua obra mais recente: *Racionalidade: o que é, por que parece estar em falta e por que é importante*, de 2022. Pinker nos lembra, entre outras coisas, que ouvir críticas, se expor ao contraditório e ser questionado faz parte dos processos de desenvolvimento científico e racional. E que a razão não é um fim em si; ela é um meio para nos levar a realizar sonhos – esses, sim, movidos por paixão. Há que se ter paixão para ir à Lua, mas a razão nos dá as ferramentas. Recomendo, inclusive, a entrevista concedida por ele a Bill Gates[6].

Outro queridinho do tema é Daniel Kahneman, psicólogo que ganhou o Nobel de Economia e que escreveu o livro *Rápido e devagar: duas formas de pensar*, de 2011. A obra traz essa pauta em um outro viés – não olhando para o futurismo e para as tendências –, mas cuja costura e conexão eu forço aqui, porque rodou a internet nas indicações de lideranças pelo mundo, muito com esse pedido de mais compreensão sobre o pensamento e as tomadas de decisão. Resumidamente, Kahneman mostra como nosso cérebro funciona de forma dividida entre decisões rápidas e decisões lentas (ou tomadas devagar). E o quanto tomamos decisões rápidas, com esse pensamento acelerado, economizando energia e tempo de raciocínio, porém, podendo fazer escolhas erradas. Quase como se o *default* do nosso cérebro nos levasse a caminhos decisórios mais fáceis, por padrão (ou literalmente por economia de energia mesmo). E estes, por sua vez, podem ser errados ou apenas repetir padrões. Pensar devagar exige mais energia e mais conhecimento. Precisamos saber usar essas duas funcionalidades do cérebro com inteligência. Para mim, sinais claros dessa demanda por compreender nossos vieses e nosso raciocínio em um futuro acelerado.

> ++ O que é Iluminismo? Em um ensaio com esse título, escrito em 1784, Immanuel Kant respondeu que é 'a saída do ser humano da menoridade de que ele próprio é culpado', de sua submissão 'preguiçosa e covarde' aos 'dogmas e fórmulas' da

---

[6] Entrevista de Bill Gates com Steven Pinker. Disponível em: https://www.youtube.com/watch?v=ABVVDSgihYs&t=10s. Acesso em: ago. 2024.

autoridade religiosa ou política. Seu lema, ele proclamou, é 'ouse entender!', e sua exigência fundamental é a liberdade de pensamento e expressão. Uma época não pode firmar um pacto que impeça épocas posteriores de ampliar sua visão, aprimorar seu conhecimento e reabilitar-se de seus erros. Isso seria um crime contra a natureza humana, cujo destino apropriado reside precisamente nesse progresso.[7]

Para citar uma versão mais *pop* da defesa da racionalidade, os franceses lançaram uma rede social, ainda por se provar, a BeReal, com intuito de fazer com que os usuários postem fotos em momentos randômicos da vida, em determinados horários escolhidos pelo algoritmo, sem filtros e com a visão frente e verso das câmeras de celular. Um apelo por mais "realidade" nas redes.

Também para me ajudar a construir esse argumento – talvez o mais novo e menos validado de todos os que vamos discutir sobre tendências –, vale lembrar que grandes investidores do futuro, como Jeff Bezos, Bill Gates e Elon Musk, vêm apostando em soluções para melhorar o desempenho do cérebro humano. *A priori*, o desejo é apoiar pessoas no tratamento de paralisias, por exemplo. Mas os discursos de empresas como a Synchron[8] ou a Neuralink[9] são bem mais abrangentes. Ambas já, inclusive, com autorização da *Food and Drug Administration* (FDA), responsável pela saúde pública americana, para começar a fase de testes em humanos. O implante do primeiro é menos invasivo e é inserido no cérebro por um cateter nas veias jugulares. O lema deles?

---

7 PINKER, Steven. *O Novo Iluminismo:* em defesa da razão, da ciência e do humanismo. São Paulo: Companhia das Letras, 2018. p. 25.

8 Synchron. Disponível em: https://synchron.com/. Acesso em: ago. 2024.

9 Neuralink. Disponível em: https://neuralink.com/. Acesso em: ago. 2024.

Unlocking the natural highways of the brain (destravando estradas naturais do seu cérebro, em tradução livre).

Já o famoso Neuralink pretende ser um implante colocado via cirurgia cerebral, operada por robôs. Pelo que sabemos, depois de muitos testes em porcos com direito a vídeos de erros e acertos *on-line*, está agora, também publicamente, testando em humanos. Eles dizem estar: *developing ultra high bandwidth brain-machine interfaces to connect humans and computers* (desenvolvendo interfaces cérebro-máquina de ultrabanda larga para conectar humanos e computadores, em tradução livre).

Para mim, ambos estão – assim como muitos outros não citados aqui – buscando um caminho para que o nosso cérebro consiga ter mais capacidade de compreensão, desempenho para interagir nesse mundo digital cunhado à base de muita lógica e racionalidade. Pense comigo: se já é difícil entender a velocidade das tecnologias atuais e se adaptar a suas possibilidades, imagine quão impossível deve ser fazer esse relacionamento mais orgânico entre os cérebros biológicos e os artificiais. Se temos uma geração viciada em TikTok e desbussolada, imagine quando tivermos soluções de entretenimento e conteúdo implantadas 24 horas, 7 dias por semana, nos nossos meros cérebros humanos...

A busca pela saúde mental é, para mim, uma grande tendência social, cheia de oportunidades de curto prazo para empresas que visam lidar com esse descompasso do tempo, das emoções e adaptabilidade. Mas não queria deixar de colocar mais água nesse feijão e olhar para um longo prazo que também clama por um *Homo sapiens sapiens sapiens*.

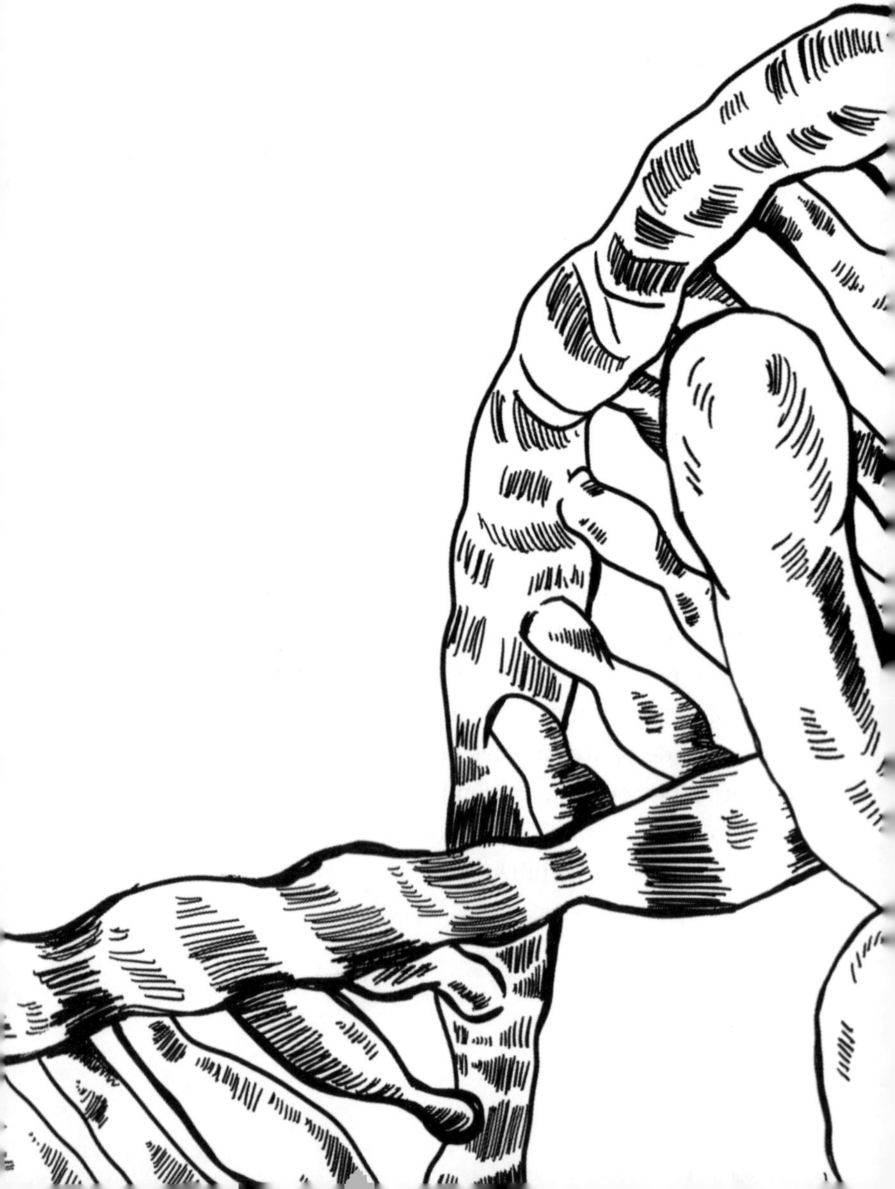

*CAPÍTULO 3

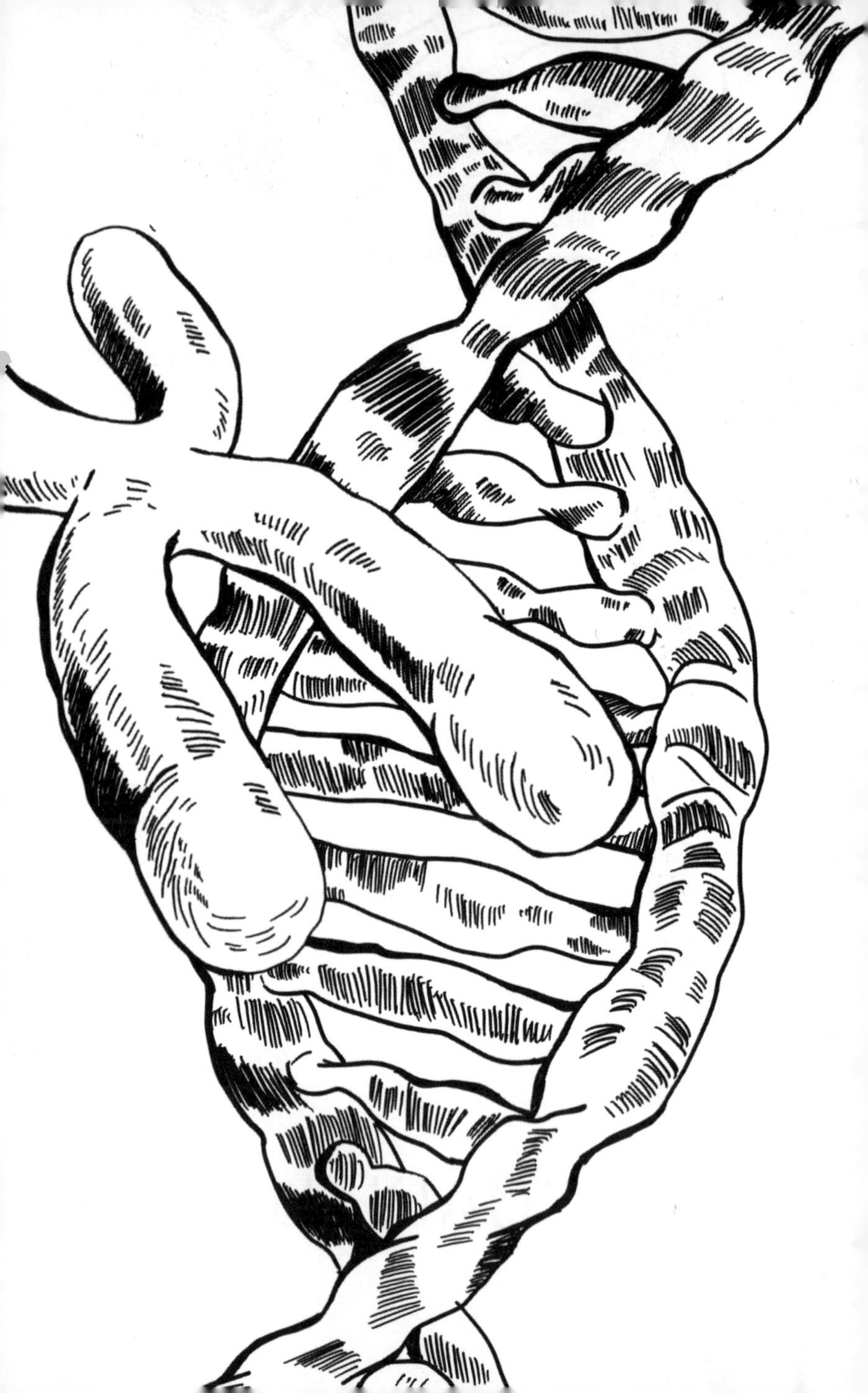

*PARA QUE MUNDO FORMAR?

> Hoje, a sociedade é diversa em vez de ser focada; é colaborativa em vez de ser hierárquica; é múltipla em vez de ser padronizada. É flexível e não rígida. É criativa, surpreendente, arriscada. Nos últimos anos, em um período historicamente curto, tudo mudou nas nossas vidas. Do nascimento à morte, os padrões estabelecidos na sociedade vertical não nos satisfazem mais nem preenchem o vazio existencial. A horizontalização é a maior revolução ética que já enfrentamos; estamos vivendo em outro planeta.
>
> **Jorge Forbes[10]**

No estudo de futuros ou de tendências, o tempo é um marco fundamental para análise. Futuros emergentes são aqueles que tratam de realidades já mapeadas em pequenos grupos de influenciadores ou *trendsetters* – que devem escalar para a população como um todo, no período de zero a dois anos. Veja bem,

---

[10] Fundador da Clínica de Psicanálise do Centro do Genoma Humano da Universidade de São Paulo (USP) e um dos principais introdutores do ensino de Jacques Lacan no Brasil, de quem frequentou os seminários em Paris, de 1976 a 1981. Trecho extraído da entrevista concedida para o estudo "Human Coders: reprogramando futuros", 2022.

influenciadores aqui no contexto de inovadores que são referências em temas específicos e podem estar por toda parte. Não são os selinhos azuis que estão espalhados nas redes sociais – nas metodologias que eu conheci, boa parte desses selinhos representa bons disseminadores de tendência, outra etapa desse processo.

Olhando um pouco mais para a frente, para os próximos três a cinco anos, estamos lidando com possibilidades reais de tecnologia somadas a movimentos sociais específicos que podem se tornar cotidiano para boa parte da população. De cinco a dez anos, começamos a entrar no campo do futurismo, mais propriamente dito, em que se vê o que a tecnologia viabiliza e se analisa os caminhos que ela pode destravar com mais longo prazo. E, para os mais *hightechs* ainda, como alguns professores que tive a chance de ter em sala de aula (e muitas vezes tidos como malucos, como Ray Kurzweil[11] ou Aubrey de Grey[12]), há estudos de tecnologias que vão de quinze, vinte, trinta e até cinquenta anos. Mesmo porque – como diria o futurista e querido professor Paul Saffo –, em média, novas tecnologias disruptivas demoram, pelo menos, vinte anos para ter seus usos e aplicações de fato aparecendo no mercado.

---

11   Ray Kurzweil é cientista da computação, inventor e futurista e atua com o Google em projetos de Inteligência Artificial. Autor de *best-sellers*, recebeu vários títulos de doutor *honoris causa* concedidos por várias universidades. A tese que defende é que, na primeira metade deste século XXI, a inteligência artificial superará, de longe, a humana – e a singularidade terá acontecido. Kurzweil prevê que haverá um momento em que a humanidade superará as limitações da biologia: ser humano e máquina comporão uma mesma entidade.

12   Aubrey de Grey é um cientista inglês pesquisador do envelhecimento. Trabalha no campo da gerontologia e é diretor da Fundação SENS. De Grey é autor da teoria do envelhecimento causado por radicais livres mitocondriais, e do livro para todos o públicos *Ending Aging:* The Rejuvenation Breakthroughs That Could Reverse Human Aging in Our Lifetime, uma descrição detalhada de como a medicina regenerativa pode ser capaz de frustrar o processo de envelhecimento completamente dentro de poucas décadas. Já chegou a dizer que poderemos viver mil anos.

Esta introdução longa é para dizer que vamos viver 120, 130 anos. Vou explorar mais sobre longevidade nos próximos capítulos, mas vale um alerta: não se assuste com esses números, porque são os mais conservadores que tenho a oferecer! Pensar no futuro do meu trabalho pelo período em que ainda vou sustentar meu filho – e, mais ainda, como será esse cenário para esse futuro adolescente quando estiver em busca de se inserir no mercado – parece uma tarefa impossível ou coisa de adivinho (não sou pitonisa ou profetiza, apesar de achar lindos esses nomes). Porém, alguns caminhos no campo das tendências desse universo me parecem sem volta.

> O envelhecimento é um fenômeno físico que acontece em nossos corpos. Em algum momento no futuro, com a medicina cada vez mais poderosa, nós inevitavelmente seremos capazes de tratar o envelhecimento com a mesma eficiência com que tratamos muitas doenças hoje em dia. Acredito que estamos perto disso por causa do projeto SENS, criado para prevenir e curar o envelhecimento. Nós ainda vamos morrer, é claro: atravessar a rua sem tomar cuidado, ao levar picadas de cobras venenosas, ao pegar uma nova variante de gripe etc.
>
> **Aubrey de Grey, em entrevista à BBC em 2004**

O fim da lógica industrial de trabalho já está anunciado. Antes mesmo de o meu pacotinho ter idade para trabalhar, acredito que teremos consolidado esse formato de trabalho mais assíncrono, híbrido e mais independente – claro que isso para a massa crescente de pessoas que populam o mercado de serviços e produtos que não exigem rigidez de padrão, espaços e tempos. Vivemos de oito em oito horas desde a Revolução Industrial, período em que o dia era dividido em três turnos de trabalho voltados a otimizar os processos. Nossa vida foi construída em torno desse formato e todos nós, quase que como máquinas, nos movimentávamos pelas cidades, especialmente nos mesmos horários; nos alimentávamos mais ou menos nos mesmos intervalos de tempo...

Aos poucos estamos nos libertando dessa lógica de máquina de ponto, com mais variação de formatos de trabalho. A regra industrial também ficou abalada pelas novas formas de renda, menos atreladas a trabalho/hora e mais à lógica de entrega/prazo. E outro pilar tem sido abalado quando começam a se estremecer as fronteiras entre dias úteis e fim de semana, com governos considerando olhar a carga horária semanal, não mais os dias trabalhados.

> ++ A nova proposta de valor aos empregados (EVP, em inglês), é a mais nova tendência das empresas que devem começar a buscar redução da carga horária como benefício e na ajuda para retenção de talentos.[13]

Pode parecer contraditório, mas não é. A tecnologia nos tornou mais produtivos. O meu filho fará muito mais coisas com poucos comandos de voz do que eu faço hoje com fórmulas de Excel sincronizadas à internet e, claramente, do que minha mãe era capaz de fazer usando um programa *offline* ou, ainda, os meus avós nas cadernetas de papel. Repensar a jornada de trabalho é

---

13 KROPP, Brian; MCRAE, Emily Rose. 11 Trends that Will Shape Work in 2022 and Beyond. Harvard Business Review, 13 jan. 2022.

rever a nossa relação com a produtividade à luz da tecnologia; é colocar o cérebro para rodar em outra frequência e pensar que essas mudanças – que parecem repentinas – estão em curso há um tempinho e têm muita relação com um pensar exponencial. Calma, já explico...

LEI DE MOORE

Talvez seja melhor tirar logo da frente a explicação das famosas tecnologias exponenciais. O termo não é novo, mas tem sido muito usado para explicar os saltos de inovações que aconteceram, especialmente, de meados de 2007, quando Steve Jobs anunciou a criação de um telefone, sem teclado – e que teria uma tal loja de aplicativos para construção de soluções pelos desenvolvedores desse mundão. Porém, o termo é ainda mais antigo.

Gordon Moore, em 1965, na época diretor de Pesquisa de Desenvolvimento da Fairchild Semiconductor – mais conhecido como cofundador da Intel –, observou que a capacidade de processamento dos computadores dobraria a cada dezoito meses. Ele estava olhando, aqui, para os famosos transistores, e todas as soluções que rodassem à base digital pareciam seguir a mesma lógica de crescimento exponencial. Daí o nome tão famoso. Internet das Coisas, computação em nuvem, Inteligência Artificial, robótica, nanotecnologia são alguns dos exemplos de tecnologias que se encaixam nessa lógica.

Se você, como eu, não é das abstrações matemáticas, faça a experiência que muitas vezes convidei meus alunos a fazer. Comece fazendo dez polichinelos lineares: 1, 2, 3, 4, 5, 6, 7, 8, 9, 10. Agora, respire e faça outros dez polichinelos, mas em uma sequência exponencial: 1, 2, 4, 8, 16, 32, 64, 128, 256, 512. É uma loucura a rapidez com que se ganha escala. Essa é a mesma sensação de aceleração que sentimos com a evolução dessas soluções. Uma boa descoberta de Gordon Moore, que ajudou a projetar o futuro e a viabilidade de algumas inovações, especialmente porque elas dobram de capacidade e tendem a cair de preço proporcionalmente.

Para os estudiosos de tecnologias esse tema é batido e, claro, sujeito a diversas críticas e erros, mas considero a forma mais fácil de se compreender a evolução maluca na qualidade e funcionalidades do seu celular desde 2007. Para fazer o contraponto, o autor Vaclav Smil, em seu livro *Os números não mentem* (2021) – o qual super-recomendo para quem gosta de *fact checking* e dados –, apontou que Moore acertou nos transistores, mas essa regra não se aplica a todos os desenvolvimentos tecnológicos. Há setores bem complexos que envolvem mudanças de hábitos, suporte social e saltos mais profundos nas descobertas científicas.

> Mas o tempo que a densidade dos transistores leva para ser duplicada não serve como parâmetro para o progresso técnico de forma geral. A vida moderna depende de muitos processos que se aperfeiçoam com bastante lentidão, em especial a produção de alimentos e energia e o transporte de pessoas e bens.
>
> **Vaclav Smil**[14]

De toda forma, acho que assim como guardei com carinho a máquina de escrever que foi do meu bisavô jornalista, mais

---

14 SMIL, Vaclav. Os números não mentem: 71 histórias para entender o mundo. São Paulo: Intrínseca, 2021.

tarde do meu avô cardiologista – e que hoje é um enfeite na minha sala –, vou cogitar guardar um item eletrônico do ano do nascimento do meu filho. Algo com estética exuberante, para enfeitar a minha biblioteca de livros impressos (veja só!) para que possamos nos divertir com a evolução tecnológica das gerações da nossa família. Aceito sugestões.

AUTOMAÇÃO EXTREMA

A volta pelo mundo exponencial é necessária na minha linha de raciocínio para comentar a promessa que há muito vemos "manchetada" nos jornais, mas que ainda não vimos acontecer de forma tão disruptiva no mundo dos serviços. A automação vem, silenciosamente, transformando a indústria. Busque aí as incríveis fábricas automatizadas, veja a evolução da Indústria 4.0 à base de braços mecânicos de diversos robôs. O próximo passo são os incríveis robôs no agro, que podem resolver todas as também pesadas tarefas de colheita, gestão do solo e até manuseio de animais.

Enquanto isso, o mercado de trabalho pelo mundo vai caminhando para um mercado de serviços para acolher a mão de obra humana, o que também não está imune à automação, porém, quanto mais depender de dados e estatísticas, reconhecimento de padrões e projeções, maiores as chances de humanos colaborarem com máquinas e tomarem decisões conjuntas. Mas o universo do cuidado, servir ao outro de forma mais humanizada, parece acolher melhor e mais rapidamente os profissionais e sobreviver com mais resiliência a essa transformação.

Não é um texto alarmista, como você deve ter percebido. Tendo a achar — como livros avisam por aí que "Os robôs vão roubar o seu emprego, e tudo bem!" — que vamos mesmo reformular muito rapidamente o mercado de trabalho. Concordo com Klaus Schwab, fundador e presidente-executivo do Fórum Econômico Mundial: se estamos à frente do desenvolvimento tecnológico, devemos pautá-lo com uma narrativa que nos seja propositiva, traga benefícios para a sociedade de forma compartilhada. Segundo ele, autor do livro *A Quarta Revolução Industrial* (publicado em 2018), a palavra da revolução atual é "re-humanização".

> Se olharmos as estatísticas, cerca de 50% dos postos de trabalho nos Estados Unidos estão ameaçados pela Quarta Revolução Industrial, ou seja, eles podem ser substituídos por Inteligência Artificial, robôs etc. Então nós, enquanto sociedade e enquanto esforço conjunto entre empresas, governos e sociedade civil, temos de descobrir como criaremos os sistemas de treinamento necessários para requalificar as pessoas o máximo possível. Pessoalmente, eu acredito que vamos precisar de mais pessoas no setor social no futuro com o envelhecimento da sociedade. Ainda temos pessoas demais que são pobres e que precisam de apoio não apenas financeiro, mas apoio para capacitação profissional, para serem capazes de se sustentar e servir a sociedade de maneira útil.
>
> **Klaus Schwab**[15]

---

[15] Trecho extraído de entrevista concedida ao jornalista Marcelo Lins para o programa *Milênio*, da GloboNews, em 2017.

Não acho que vai faltar trabalho – pelo menos nas próximas décadas –, mas uma diminuição no volume de empregos no sentido que conhecemos hoje. Carteira assinada, uma só carreira, um único cargo que nos defina estão mesmo com os dias contados.

Pesquisas de organizações conhecidas como McKinsey e Deloitte já afirmam com menos alarde, há mais de duas décadas, essa parceria entre homens e máquinas. Não estamos em guerra com as tecnologias, só precisamos usá-las da melhor forma possível para o futuro da nossa qualidade de trabalho e de vida. Como esses estudos vêm dizendo, as tendências para a próxima década podem ser medidas pelos feitos do passado. Vamos precisar nos adaptar, traçar limites e encontrar os melhores caminhos para funcionar em uma economia de tecnologias exponenciais, assim como nos adaptamos à industrialização e estamos nos adaptando a digitalização. Porém, na minha opinião, com mais velocidade e flexibilidade do que antes.

Aqui, estou menos preocupada com a loteria ou bingo que se abre com os novos trabalhos e as grandes carreiras do futuro. Vários conteúdos disponíveis na internet podem nos ajudar a criar a própria tabela de profissionais para 2030-2050 com análises, inclusive, do Fórum Mundial Econômico (dê um Google aí em *What is the Future of Work?* | World Economic Forum, por exemplo). Você pode apostar em pilotos de drones, analistas de dados comportamentais, piloto *on-line* de tratores, programador de *blockchain*. Eu, especialmente, me preocupo com o mais humano que temos em nós, e a nossa capacidade de nos adaptar a todas essas tendências sem ficarmos malucos. Estou curiosa para saber como a nossa parte bicho vai acompanhar mais um salto nas nossas possibilidades cognitivas.

++ A automação de algum tipo transformará 80% dos empregos até 2030. Muitas das tarefas que sua força de trabalho faz hoje podem ser feitas melhor – e, em alguns casos, mais baratas – por robôs, IA e outras tecnologias de automação. Mas estamos apenas a alguns passos do caminho para entender o que isso significa para seu setor, sua empresa e seu trabalho.[16]

Lembrando que, nesse contexto (inclusive em todos os capítulos deste livro que citam tecnologias disruptivas), temos o início das conversas sobre computação quântica. Há muito o tema é pauta do futurismo, mas estamos mais próximos da realidade de muitas pessoas. A computação quântica trará às nossas máquinas a capacidade de computar dados e executar cálculos em uma velocidade muito maior do que tudo que já conhecemos. O que será fundamental, por exemplo, para trabalhar com bancos de dados cada vez mais gigantescos e criptografias complexas. Vão poder solucionar problemas que ainda não conseguimos tatear. Inteligência Artificial somada à computação quântica vai acelerar – e muito – essa conversa de automação.

Ao que parece, o trabalho, assim como todos os mercados, ficará cada vez mais *human center*, centrado na nossa humanidade, no que precisamos de fato cuidar e naquilo que não será facilmente processado pela digitalização. Se isso ocorrer, estamos no melhor caminho possível dessa revolução. E venham os trabalhos que vierem, nos manteremos bens e sãos.

Vale observar que chamei de tendências as previsões de futuro para os próximos dez e vinte anos, porque em cenários possíveis de futurismo poderíamos, sim, estar em diálogos mais

---

16 The Executive's Guide To The Future Of Work, 2020, Forrester Research, Inc.

complexos de automação extrema que vão justificar, inclusive, a revisão do capitalismo em si, da distribuição de renda e do conceito moderno de renda mínima universal. Mas falaremos disso mais adiante neste livro.

> ✷ **Computação Quântica**
>
> Computação Quântica é um tipo de computação que usa a mecânica quântica, um ramo da física que lida com o comportamento de pequenas partículas como átomos e partículas subatômicas, para realizar operações em dados. Na computação clássica, as informações são armazenadas em bits, que podem representar 0 ou 1. Computadores quânticos usam bits quânticos, ou qubits, que podem representar 0 e 1 ao mesmo tempo, uma propriedade conhecida como superposição. Os computadores quânticos também podem realizar um processo chamado emaranhamento, no qual dois ou mais qubits são vinculados e podem afetar o estado um do outro mesmo quando separados por grandes distâncias. Essas propriedades únicas dos computadores quânticos permitem que eles executem certos tipos de cálculo muito mais rapidamente do que os computadores clássicos.

FLUIDEZ, FLEXIBILIDADE OU AUTONOMIA

Palavras entram e saem de moda – acho isso tão interessante, inclusive como certos significados podem ganhar novas conotações com o passar do tempo, tornando um verbete mais ou menos poderoso. Antes da pandemia da covid-19, as discussões sobre o futuro do trabalho sempre passaram por temas como mais autonomia, mais responsabilidade de tomar decisões e gerir soluções em grupos menores no trabalho somado a um desejo de mais liberdade para pensar horários, espaços, tempos e até equipes de trabalho: uma visão de gestão mais orgânica, menos linear e com mais adaptabilidade das pessoas e dos processos de acordo com os desafios propostos. Ideias incríveis que pareciam apenas possíveis para determinados formatos de empresas, muitas de serviços e menos de produto, e com cara de Vale do Silício ou de criativos de agência.

O que parecia maluquice se colocou, de certa forma, como uma decisão estratégica com a ida para o *on-line*, o "fica em casa" generalizado de 2020/2021. O trabalho remoto, a necessidade de refazer a gestão dos tempos e organizar os times *on-line* mostraram para muitos que mudanças e novos processos são possíveis. Começaram, então, a surgir novas palavras para o futuro. Agora estamos em busca de mais fluidez e mais flexibilidade nos modelos de trabalho. Uma nova visão, agora mais factível graças à experiência em massa do trabalho remoto, mas que, no fim das contas, continua caminhando pelas mesmas linhas.

Apesar da glorificação do trabalho de casa, essa visão já está sendo ratificada, assim como já se discutia na educação. Conteúdo por conteúdo, dedicação e foco podem ocorrer *on-line*, de qualquer lugar e tempo. Na verdade, sempre puderam. Não fazem mais sentido deslocamentos absurdos e horas maçantes na escola para ouvir a leitura de textos ou a repetição de conteúdos. Por outro lado, já se sabe que a troca com outras pessoas para construção do novo, que as entrelinhas não verbais que nos ajudam na empatia e na percepção do outro fazem muita diferença no aprender, assim como no construir. Há ganhos em todos os formatos, mas o importante continua ser sair da lógica do "bater ponto" e trabalhar a lógica do que precisa ser feito. Pouco importa o formato.

> ++ A maioria dos trabalhadores (83%) prefere um modelo de trabalho híbrido, mas uma variedade de fatores influencia sua capacidade de prosperar, seja no local de trabalho ou fora dele.
> **The Accenture Future of Work Study, 2021**

Porém, fluidez e autonomia demandam pessoas mais adaptáveis e responsáveis. Pode não parecer, mas a cadeia de comando, ser cobrado e organizado por outrem é uma zona de conforto para muitos. A liberdade de tempos e espaços, requer organização, disciplina e é um autoconhecimento difícil de ser compreendido e aplicado para muitas pessoas. Por isso, o processo é demorado e nada simples. Nesse caso, uma clara consequência da pandemia, que acelerou essas possibilidades.

POLÍMATAS A CAMINHO!

Entre todas as características dos profissionais do século XXI que me interessam, a que vejo mais óbvia é também uma das mais antigas. Estamos de verdade saindo da caixinha. Assim como a educação compartimentalizou o ensino em matérias – acomodadas em cinquenta minutos – que não se conversam (matemática, português, história etc.), no trabalho também fomos delimitando as caixinhas e os cargos, como se as habilidades de cada pessoa fossem nitidamente separadas pela mesa que ocupam ou pelo andar que se encontram no prédio da empresa. Na vida real, usamos todas as habilidades inatas e adquiridas para resolver os problemas que aparecem. De forma consciente ou não, estamos sempre entregando no trabalho as nossas vivências, o que lemos, o que estudamos e o que acreditamos. Temos à disposição um repertório de recursos bem mais vasto que uma única caixinha de ferramentas.

Sendo mais pragmática, não podemos enxergar os problemas só com o filtro de uma única habilidade. Se levarmos em conta o volume de problemas complexos que temos enfrentado, é nítido que colocamos todas as armas que temos disponíveis para enfrentá-los. E, possivelmente, quanto mais diversas essas armas forem, mais ricas serão as soluções.

Grandes nomes da nossa humanidade eram referenciados por sua capacidade de navegar diferentes áreas do conhecimento com muita qualidade. Chamamos essas pessoas de polímatas. Um dos melhores exemplos é o gênio Leonardo da Vinci. O que conhecemos de sua arte foi um resultado profundo dos seus diversos estudos. Ele foi cientista, engenheiro, inventor, anatomista, arquiteto, botânico, além de pintor, escultor, poeta e músico.

A Revolução Tecnológica que estamos vivendo volta a privilegiar as abordagens multifacetadas para a resolução de problemas como historicamente os polímatas faziam. Não que seremos todos Da Vinci – quem dera –, mas seremos todos menos restritos a um único talento ou estudo. Já há sinais dessa demanda com nomes diferentes, um deles é esse profissional que atua em diferentes frentes dentro da empresa, ou profissionais T (do inglês *t-shaped professional*). O termo, em um processo de atualização, designa a composição de especialista e multidisciplinar ao mesmo tempo;

ou seja, esse profissional tem a capacidade de agregar excelência em funções distintas. Na prática, o T é descrito como quem detém uma habilidade especializada em determinada área (simbolizada pelo traço vertical) e a habilidade geral de colaborar com áreas distintas, representada pela barra horizontal.

Aqui, de novo, a fluidez de poder assumir diferentes chapéus pode potencializar os polímatas.

SABER GERIR SEU TEMPO

✴ **Polímatas**

Substantivo masculino e feminino; – diz-se de pessoa que tem conhecimentos em muitas Ciências; pessoas cujo conhecimento não está restrito a um único âmbito científico.

Reduzir a carga horária ou encurtar a semana de trabalho está sendo apontado como uma das tendências em ascensão do futuro do trabalho. Até governos estão experimentando essa ideia, como é o caso da Espanha, que, desde 2021, está experimentando a proposta de redução da jornada de trabalho semanal de 32 horas. A ideia, levantada pelo partido de esquerda Más País, é testar em pequena escala o que acontece com a produtividade das empresas quando os seus funcionários trabalham nesse horário reduzido. Em 2022, foi a vez do Reino Unido: setenta empresas toparam entrar no estudo coordenado pela organização 4 Day Week Global, que envolve cientistas das Universidades de Cambridge e Oxford, além do americano Boston College.

O Brasil também entrou nessa pauta em 2023. O país integrou um experimento da jornada 4 Day Week, por meio de empresas como Zee Dog, Shoot e Crawly, que iniciaram a experiência em junho daquele ano. A avaliação dos resultados publicada na mídia, em fevereiro de 2024 – durante a edição final desse livro –, apontou para bons resultados como menos faltas, otimização de tarefas (estratégias de produtividade) e tempo livre para resolver questões pessoais.

Honestamente, o tema não é novo; para os *freelas* de plantão, certos autônomos ou youtubers, por exemplo, aprende-se muito cedo que horário comercial – oito horas por dia de trabalho, cinco dias por semana – não é a realidade e nem o melhor método para se entregar às demandas. Há quem trabalhe melhor de noite, outros que aproveitam para fazer tudo num dia só (o que é possível sem boa parte das burocracias e intermináveis reuniões corporativas) para ter mais tempo para a vida pessoal durante a semana; outros ainda que preferem a dupla jornada porque querem fazer mais dinheiro naquele mês.

Gestão do tempo de trabalho, saber precificar a sua hora e coordenar vida pessoal com outras agendas do trabalho já são demandas de uma minoria do mercado de trabalho, silenciosa, que dificilmente trocaria o estilo de vida por formatos mais rígidos exigidos pelo mercado. Essas pessoas e seus entusiastas já falam da redução e da otimização do tempo de trabalho há bastante tempo. Essa é uma tendência antiga do futuro do trabalho muito boicotada por leis trabalhistas genéricas e pelos sistemas de governança complexos. Aliás, a pesquisa *Employee Experience* – conduzida pelo Great Place to Work® em janeiro de 2023 – mostrou que a flexibilidade e a gestão do tempo lideram o *ranking* de benefícios valorizados pelos funcionários. Entre as empresas entrevistadas, 75,3% já oferecem algum tipo de flexibilidade aos colaboradores como *home office*, trabalho híbrido e carga horária flexível. A jornada semanal de quatro dias, no entanto, foi citada somente por 1,9% das empresas.

O *best-seller* do mundo *tech*, *Trabalhe 4 horas por semana*, do Timothy Ferriss, já fazia sucesso havia quase uma década. Porém, parece que começamos, mais recentemente, a destravar essa possibilidade. Ou, sendo mais sincera, pelo menos começar essa conversa sobre eficiência. Não vejo como uma discussão ideológica ou uma revolução trabalhista, mas uma mudança de lógica do viver que vai caminhar por diferentes estratos da sociedade com soluções múltiplas, e não só um padrão.

> ++ Historicamente, à medida que os salários aumentam, o tempo de lazer torna-se mais valioso e atraente para os trabalhadores. Reduzir as horas que os funcionários precisam trabalhar dá aos empregadores uma chance de melhor competir com organizações que oferecem remuneração mais alta, mas não oferecem horas reduzidas. Em última análise, é provável que vejamos algumas organizações adotarem semanas de trabalho de 32 horas com a mesma remuneração como uma nova maneira de competir por trabalhadores do conhecimento.
>
> **11 Trends that Will Shape Work in 2022 and Beyond[17]**

MÚLTIPLAS RECEITAS

Venho observando dentro desse tema do trabalho um ponto interessante quando se fala de educação financeira. Mais e mais pessoas foram impactadas pelo *boom* dos especialistas em

---

17 Harvard Business Review, 2022.

investimentos das redes sociais. Em países como o Brasil, por mais que possa haver alguma restrição aos investidores *influencers*, há um ganho visível quando se começa a falar do tema e a ensinar em massa as lógicas financeiras que permeiam o nosso mundo. Em especial, evitando as soluções nada interessantes dos poucos bancos tradicionais que por muito tempo guardaram os nossos recursos e nos ofertaram oportunidades menos lucrativas como a poupança ou crédito a juros inexplicáveis. É muito rico, em todos os sentidos, ver as pessoas compreendendo mais sobre planejamento financeiro, renda passiva, investimentos, aposentadoria etc.

Claro, que esse universo de educação financeira foi destravado pela quebra de dois monopólios: o de mídia e o dos bancos. As redes sociais abriram as portas para falar de dinheiro, economia de vida real, para mais públicos e com visões diversas. A proximidade com o dia a dia dos usuários e a liberdade de linguagem aproximaram muito o tema de pessoas que jamais liam ou tinham interesse em acompanhar as enfadonhas editorias de economia tradicionais.

Por outro lado, essa transparência e explosão de oportunidades que alimentaram esses conteúdos digitais só foram possíveis com a revolução das *fintechs*, dos bancos digitais, com o surgimento dos novos meios de pagamento, dos nanocréditos, do *open finance* etc. Além de outros movimentos que estão ainda em estágios iniciais no coração das finanças descentralizadas ou DeFI (*Decentralized Finance*) – uma grande expectativa para a Web 3.0. Descentralizar as finanças é o grande primeiro impacto de uma economia baseada em soluções de *blockchain* (que vai muito além das criptomoedas), tratando de descentralização e segurança jamais vistas desde que passamos a entender o conceito de Economia na nossa história.

✳ DeFI

DeFI é o nome dado ao conjunto de serviços e produtos financeiros (empréstimos, transferências e sistemas de pagamentos, que rodam em uma *blockchain*). Essas soluções, comumente, não são controladas por intermediários, como bancos ou outras instituições financeiras. As operações em protocolos DeFi são descritas e executadas por algoritmos e contratos inteligentes, que são programas de computador autoexecutáveis. A principal bandeira dessa tecnologia é criar um sistema financeiro global descentralizado, independente, barato, menos burocrático e acessível.
Fonte: Infomoney.

✳ Web3.0

Web3.0 representa a próxima fase da evolução da web potencialmente inovadora ao representar uma mudança de paradigma em relação às versões anteriores. A interação nela é construída a partir de conceitos de descentralização, abertura e maior atuação do usuário. Nela, a informação é encontrada com base no conteúdo e pode ser armazenada em vários locais simultaneamente. Como resultado, os aplicativos da *Web 3.0* serão executados em *blockchains*, redes *peer-to-peer* descentralizadas, ou uma combinação delas: os aplicativos descentralizados são chamados de *dApps*.
Fonte: Tecnoblog.

Sem precisar dar grandes saltos e chutes de futuro, a união dessas oportunidades vem dando suporte a um movimento social recente que já foi chamado de *gig economy*, ou economia de bicos, o qual vejo evoluir para uma nova visão de receitas:

multiple incomes, rendas múltiplas, em tradução livre. Para além de visar a diferentes trabalhos, entender cada pessoa como uma microempresa que presta serviços para diferentes clientes e faz a gestão do seu tempo – contrário a uma lógica de carreira estável e carteira assinada, conceito mais comum da *gig economy* –, aqui eu vejo crescer uma noção de finanças pessoas mais complexa.

Há um desejo de ter diferentes receitas, que não necessariamente virão da força do trabalho tradicional e que podem incluir desde oportunidades das vendas de produtos *on-line* e todos os mecanismo de *e-commerce* atual que tornam pessoas comuns em pequenos influenciadores locais que ficam com *fees* sobre a venda de produtos que divulgam, ou a possibilidade de ser quem suporta e armazena produtos no *last mile*[18] de entrega de grandes plataformas – ou, ainda, na venda dos bens usados nessa economia mais circular. É interessante notar *cases* que surgiram durante o trabalho remoto obrigatório: muitas pessoas se descobriram com mais tempo para exercer essas oportunidades paralelas de receitas, até mesmo levando os *hobbies* para um universo mais rentável.

Além dessa receita paralela com produtos-serviços, temos ainda a possibilidade de olhar de forma mais interessante para o mercado financeiro, pensar investimentos que gerem receita, começar a falar de independência financeira, de investimentos com rendas recorrentes ou ainda apostas mais ousadas nos mercados digitais novos no mundo de *gaming*, NFTs e criptomoedas.

---

18 Na logística do transporte de mercadorias, o termo *last mile* classifica a saída da mercadoria do centro de distribuição para o destino final, ou seja, chegando ao cliente. Ele foi sendo apropriado pelo mundo da tecnologia com a mesma visão.

Em resumo, um cenário que abre a possibilidade de se olhar para as fontes de receita para além do trabalho tradicional parece conversar bem com outros pontos que citei até aqui, como fluidez, autonomia e novas gestão do tempo. Quase como uma separação interessante entre trabalho e renda, que não era óbvia para a maioria da população.

***

Abro um parêntese para pedir desculpas ao meu pacotinho. Sua mãe ainda é muito ingênua sobre o mundo das finanças. Em 2014, quando estive na NASA-Ames, na Califórnia, tive em mãos algumas frações de bitcoin que valiam cerca de vinte dólares, no máximo! Fascinada por entender a tecnologia de *blockchain*, pouco me importei com a criptomoeda em si. Lembro-me, inclusive, de conhecer um caixa eletrônico que ficava na base, desses em que você saca dinheiro, mas, pela primeira vez, uma pessoa poderia sacar criptomoedas... Espero que você não faça contas muito precisas, mas perdi essas poucas frações de bitcoins. Só gostaria de dizer que posso ter prejudicado parte da reserva financeira dos seus estudos, mas que já estou correndo atrás de reaver esses valores – e temos tio Pedro, nosso economista e comediante particular, para nos ajudar no que precisar.

***

O relatório de tendências da *YPulse's Buying Into Crypto & NFTs*, de 2022, mergulhou no perfil das gerações Z e *millennials* e analisou como elas fazem seus investimentos. É interessante notar que nos últimos anos as suas metas financeiras não são mais atreladas a salário e trabalho – muitos estão abertos à ideia de múltiplos trabalhos e à busca por diferentes rendas passivas e ativas. Entre as principais receitas visadas estão ações (25%), criptomoedas (25%), vendas de usados (18%), venda de produtos *on-line* (18%), venda de produtos exclusivos/edições limitadas (18%), *freelancing on-line* (17%), jogos/*streaming* de videogames (15%).

Como um tempero final para essa pauta das múltiplas receitas – e que demonstra como as tendências vão se misturando e construindo movimentos mais fortalecidos –, vale mencionar aqui os desejos mundiais de desacelerar. O conceito *slow living*, cujo termo vem do inglês e pode ser traduzido como "vida desacelerada", aparece cada vez mais como tendência de consumo. As pessoas já buscam mais tempo para o próprio ócio, experienciando ritmos mais desacelerados. Há quem queira, por exemplo, viajar para hotéis especializados no sono (de acordo com a revista *Forbes Life*, há, inclusive, cinco hotéis de luxo no mundo que são verdadeiros retiros para o sono). As hospedagens têm suítes com camas especiais e tratamentos de spa voltados a melhorar a qualidade de sono do hóspede. Na minha época de pacotinho, viajar e ficar dormindo era quase pecado! Era muito comum ouvir coisas como "não saí de casa pra ficar dormindo" ou "sai dessa cama porque não dá para dormir em dólar". Hoje, queremos encontrar oportunidades para desconectar e viver outro tempo.

E, claro, o *slow* também chega no trabalho. "Tempo é dinheiro" é uma frase que parece mais decadente no ambiente profissional, especialmente se isso significa fazer as coisas na correria, fora do tempo necessário. O famoso "é para ontem" também vem caindo em desuso. Há, inclusive, microtendências surgindo e levantando discussões sobre a geração Z menos interessada em carreira e trabalho. Uma pesquisa da consultoria de RH e *outsourcing* EDC Group, conduzida em 2023, aponta que a ==Geração Z tem os maiores percentuais em comportamentos e características considerados indesejáveis== no trabalho se comparada com outras faixas etárias. Feito com 328 brasileiros, o levantamento descobriu que 12,50% dos respondentes entre 18 e 25 anos dizem não cumprir o expediente, tendem a começar a jornada depois do horário combinado e a terminá-la antes do previsto. Não sou uma conhecedora de gerações e comportamentos, mas há muita crítica sobre a fragilidade e a falta de responsabilidade e disciplina dessa turma. Não sei se é um choque de gerações ou se é uma realidade a ser considerada, mas é evidente o surgimento de temas como o *quiet quitting* ou *lying flat* – quando os profissionais fazem o mínimo necessário e não se esforçam além do combinado ou das horas oficiais no trabalho.

> ❋ **Quiet quitting**
>
> *Quiet quitting* tem sido conhecido no Brasil como "desistência silenciosa". De acordo com matéria do portal *Exame*, esse conceito implica dizer que o profissional tomou a decisão de limitar sua atuação no trabalho às tarefas estritamente necessárias e que estão dentro da descrição do cargo que ocupa. Com isso, as longas jornadas e sobrecarga de trabalho estão completamente abolidas; não se vive para trabalhar; antes, trabalha-se para viver. Essa virada de chave tem por objetivo estabelecer limites entre a vida pessoal e profissional.

> **✳ Lying flat**
>
> *Lying flat* – ficar deitado, em livre tradução – é um movimento que nasceu na internet e ganhou um espaço gigantesco na China a ponto de o presidente Xi Jinping precisar fazer um discurso repreensivo no qual declarou: "É preciso evitar a estagnação da classe social, desobstruir os canais de ascensão social, criar oportunidades para que mais pessoas se tornem ricas e formar um ambiente de melhoria do qual todos participem, evitando a involução e o achatamento". A base do movimento é fazer o mínimo necessário à sobrevivência, ou seja, abdicar da disputa por ascensão social, que é uma das marcas da maior economia do mundo.

Inclusive, estamos saindo de adolescentes e jovens, como eu fui um dia, que sofreram de FOMO (*Fear of missing out*, ou medo de estar perdendo algo ou algum momento, em tradução livre) para padecemos de ROMO (*Relief of missing out*, em tradução livre, alívio de estar por fora, sem saber ou acompanhar). Usado pela primeira vez por Patrick McGinnis em 2004 – então aluno da Harvard Business School –, FOMO é prevalente, especialmente, entre os jovens; esse fenômeno evoca o medo de perder informações e está ligado ao uso excessivo da internet para combater a possibilidade de perder a menor informação, como um convite para um evento, uma festa para a qual "todos" estão indo. O contraponto é o ROMO – a alegria de perder, descrito pelo prazer da inatividade e do cultivo do "tempo para mim", que veio mais tarde, em 2020, com pesquisadores americanos e inglês estudando o consumo exagerado (ou não) de notícias.

Em 2024, para colocar mais lenha na fogueira desse tema de aceleração e insegurança, o *The Future Today Institute*, da já citada Amy Webb, trouxe uma discussão sobre o Superciclo Tecnológico em um recente relatório de tendências. Nela é citada a convergência de três forças tecnológicas simultâneas: Inteligência Artificial, ecossistemas conectados das coisas (*wearables*, casas conectadas etc.) e biotecnologia como responsáveis por um novo salto para o futuro. Em outras palavras, o encontro da curva de exponencialidade tecnológica dessas soluções, que devem ganhar escala, é cada vez mais acessível e disruptivo para a sociedade. Para o bem e para o mal. Estamos totalmente de acordo que o joelho da curva (esse no gráfico mesmo exponencial) está se aproximando para várias das novas tecnologias que estamos mapeando há alguns anos. Com isso, eles apresentam um novo conceito para dar suporte a todos os outros que trouxemos aqui sobre a volatilidade do presente em que vivemos: o FUD (*Fear, Uncertainty and Doubt*) para classificar um contexto de medo, incertezas e dúvidas sobre o futuro. Bem-vindos a nossa nova realidade.

Sem querer desanimar ninguém, o fato é que estamos todos na luta para diminuir o excesso do uso das telas e na dieta do baixo consumo de informações e na busca por equilíbrio dentro de um contexto de incertezas pessoais e profissionais. E se observarmos esses movimentos sobre a lente de receitas prontas fica difícil. Precisamos ter resiliência e considerar que vamos passar pela ressignificação da vida profissional, do que é trabalho. Nesse caso, sim, vejo essa como mais uma avenida de repensar vida, trabalho e dinheiro. (Um movimento que vai moldar a sua vida profissional, pacotinho! Você integrará a curiosa geração Alfa, que está se formando.)

A mudança de relacionamento com dinheiro e trabalho continuará conversando com visões mais extremas de futuro, como o da automação de quase tudo. Se não tivermos tempo de nos adaptarmos a novas profissões na mesma velocidade em que os robôs e as inteligências artificiais chegarão a todos os mercados, talvez tenhamos que adicionar mais uma fonte de receita: a renda mínima universal.

Para além de conceitos que você já tenha ouvido de políticos focados na população de baixa renda e em ajudas pontuais, há uma discussão frequentemente também no mundo *tech* sobre UBI (*Universal Basic Income*) como uma forma de transferência de renda para a população ligada às preocupações com a automação extrema. Houve, por exemplo, discussões na Califórnia sobre como distribuir para a população dividendos a partir da venda dos seus dados pessoais. Em um mundo em que cada vez mais os dados são ouro para as empresas, por que ficaríamos alimentando a rede de conteúdo e informações de graça?

> Estamos roubando os empregos das máquinas, não o contrário, e, nesse processo, estamos nos mecanizando e ficando limitados. Aquilo que é brilhante no fazer da máquina é burro no viver do ser humano. Há coisas que temos que deixar para a máquina realizar; devemos aproveitar o tempo para mergulhar no rio da complexidade humana. Deixemos a máquina abrir e fechar o portão.
>
> **Lúcia Helena Galvão**[19]

---

19 Filósofa, em entrevista à Mariposa para o estudo Human Coders: Reprogramando Futuros, 2022.

Há alguns anos, estudiosos de Inteligência Artificial, além de levantarem a bandeira de algum tipo de regulação e discussão mais complexa sobre os desdobramentos dessa tecnologia pelo mundo, trazem também para a pauta o uso da IA chegando a todas as profissões. Algo na lógica que vemos hoje de especialistas dizendo que todas as empresas serão de *tech*, ou seja, nenhum negócio vai sobreviver sem entender essas ferramentas e lançar mão delas. A próxima onda da Web 3.0 será o uso de IA em todas as áreas e negócios. O que significaria uma disrupção ainda mais violenta na automação e na relação homem-máquina. Por isso, muitos defendem a visão da renda básica universal para garantir as lógicas do mercado capitalista, do consumo e da renda. Quase como um valor para garantir a receita de todas as pessoas a partir das horas/máquinas trabalhadas, especialmente em setores da economia que não terão tempo de se adaptar a novos trabalhos.

Não está claro para mim como esses estudiosos sugerem que, na prática, isso ocorra. Mas traz para essa mãe ainda mais forte a visão de fomentar o desenvolvimento de múltiplas inteligências e habilidades de adaptação no trabalho e na escola! Além de colocar em voga novamente o letramento de futuros, *Futures Literacy*.

CONCORDANDO EM DISCORDAR

> A dimensão organizacional, por sua vez, passa por características da função ou do papel que o ser humano cumpre na matriz organizacional e pode ser expressa de acordo com setor, sindicância, nível hierárquico, localização, ocupação, status gerencial, experiência de trabalho, rede e departamento. A sociocultural é mais complexa e

> está ligada aos valores cultivados e incorporados ao longo de determinada geração. Ela é expressa no poder exercido e na visão de autoridade, na linguagem corporal adotada, no ser ou fazer, na opção pela competição ou cooperação, na preferência na forma de solucionar conflitos, nas tradições e observâncias que carrega, no lidar no espaço pessoal, individual ou coletivo, no ser flexível ou estruturado.
>
> **Gustavo Glasser**[20]

Uma pauta forte hoje no mundo do trabalho é a diversidade. Vários movimentos levantam o tema de ter no espaço profissional uma maior inclusão de pessoas com deficiência, pessoas 60+, diferentes raças, origens, gêneros, orientação sexual etc. Gosto bastante da visão do Gustavo Glasser, fundador da Carambola, empresa voltada para esse olhar de tecnologia e diversidade nos negócios. Gustavo é um homem transgênero que não foge de uma conversa sincera e pragmática sobre os desafios de tratar o tema menos com militância e mais com a complexidade de camadas que a diversidade requer. Em última instância, somos todos singulares; por outro lado, há, sim, a possibilidade de buscar mais nuances e oportunidades para grupos específicos. E, no meio disso tudo, é preciso ser capaz de manter uma governança viável e lucrativa, assim como é promover a concorrência livre e o desenvolvimento das pessoas. Meu pacotinho terá que esperar que eu aprenda mais sobre caminhos possíveis de como tratar esse imbróglio de forças.

---

[20] Fundador e CEO da Carambola, Empreendedor Social de Futuro, pela *Folha de S.Paulo*, na EXP, artigo "Dimensões da diversidade: é provável que você não tenha a menor ideia do que seja isso", 2021.

Para além das discussões ideológicas ou pragmáticas de governança, na minha leitura de mundo, o maior desafio da diversidade ainda está por vir. Estamos alimentando um conflito profundo ao visar conviver com temas e acessar somente assuntos que nos interessam, ficando presos em bolhas de algoritmos que nos impedem de dialogar com o diferente. Precisamos acolher o conflito de ideias e o desconforto da discordância. Para mim, o futuro da diversidade vai passar muito mais por habilidades socioemocionais para lidar com as diferentes visões de mundo e opiniões do que qualquer outra característica física ou de orientação sexual. Diversidade de ideias é algo extremamente necessário para inovação, mas a gestão de pessoas plurais é um desafio. O diferente é lindo na campanha publicitária, mas é extremamente desconfortável nos processos de trabalho, no dia a dia das tomadas de decisões e na criação de novas soluções.

Para o futuro do trabalho e de todos os espaços sociais e da esfera pública, espero que tenhamos mais habilidade para lidar com o plural, mais resiliência para aceitar as incertezas da vida e milhares de respostas que não virão prontas e, nem sempre, serão confortáveis. Assim como tenhamos mais clareza do que são valores comuns, pois estes, sim, constroem o futuro que queremos.

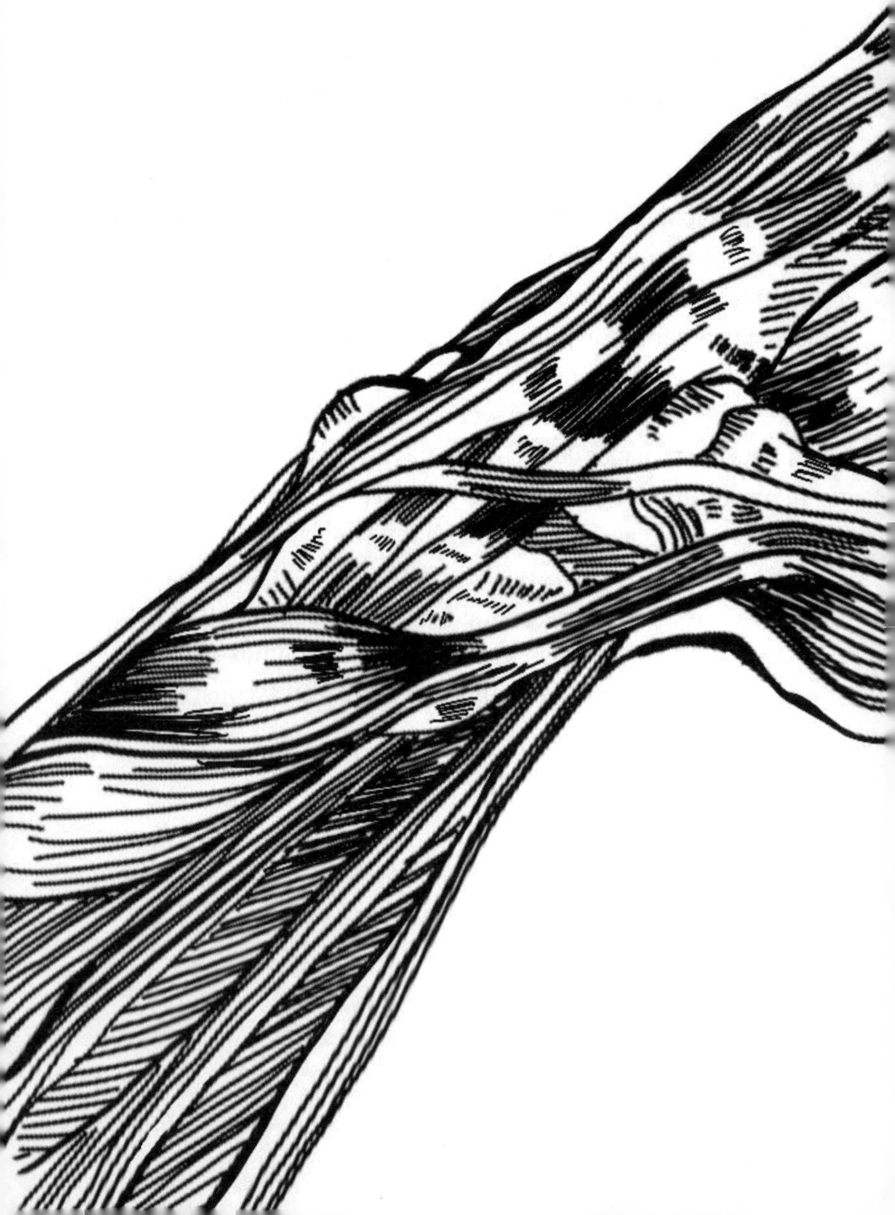

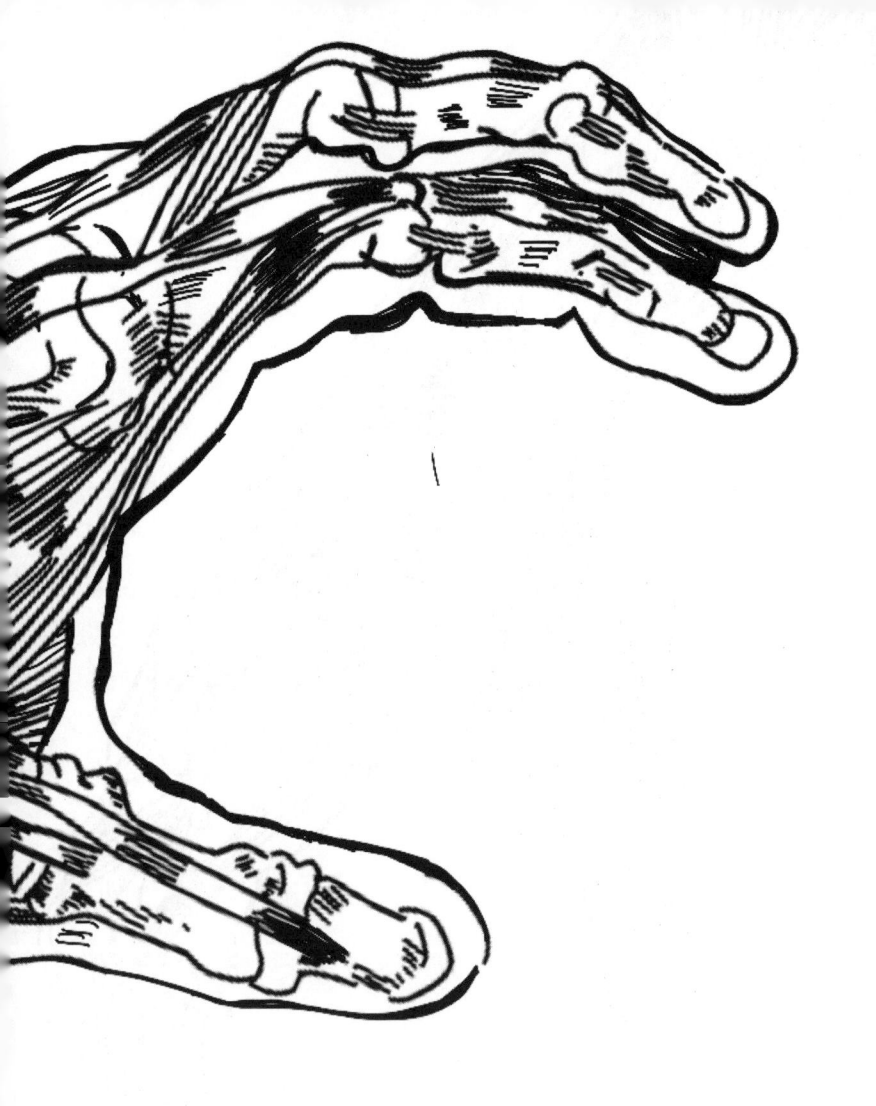

*CAPÍTULO 4

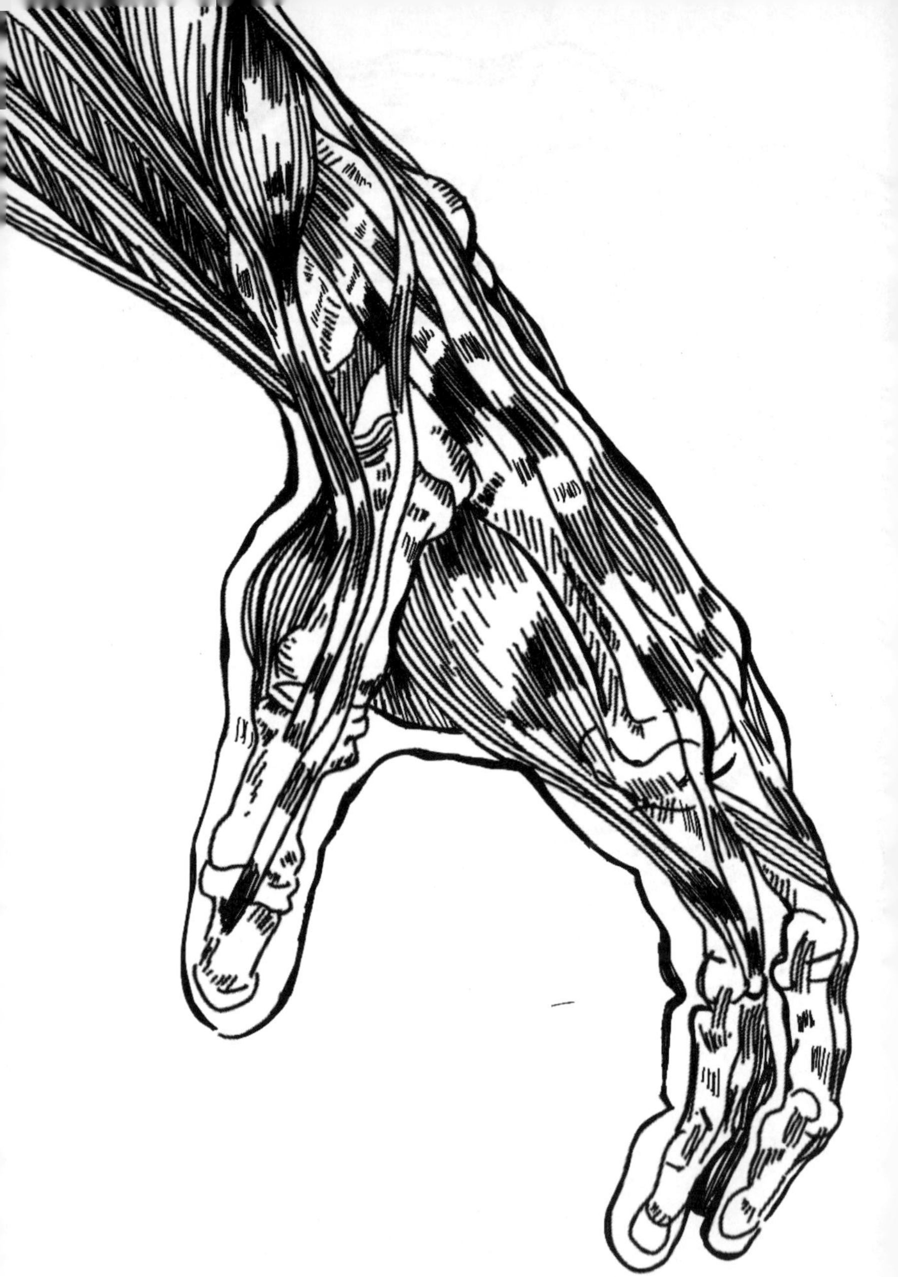

*QUAL MUNDO VAMOS VIABILIZAR?

Este capítulo existe porque gostaria de compartilhar esperança e uma visão propositiva sobre os desafios de sustentabilidade, do clima e da energia limpa que estão em pauta – especialmente em um mercado mundial com uma economia difícil, instável, saindo da pandemia, vivendo a guerra entre a Rússia e a Ucrânia; Israel e Hamas; e enfrentando muitos problemas de desinformação. E, aqui, preciso ter o cuidado em não ofender ou desmerecer o trabalho de ninguém.

Para os meus colegas jornalistas, reconheço a necessidade de alertar acerca dos problemas e apontar os erros em busca de soluções – um olhar eterno e vigilante sobre a sociedade. Para os pesquisadores e cientistas, acolho a dor deles de tentar encontrar e medir sinais concretos dos desafios climáticos, na escala histórica de milhões de anos *versus* o volume de variantes envolvidas em qualquer uma dessas análises desde a chegada dos seres humanos neste planetinha. Porém, tendo a acreditar que caminharemos para um mundo mais sustentável no longo prazo, inevitavelmente. Meu filho, assim como todos os seus contemporâneos, terá à disposição muito mais mecanismos e oportunidades para viabilizar essa mudança e, potencialmente, mais naturalidade em fazer migrações para soluções verdes, pelo próprio estilo de vida e compreensão de futuro.

A princípio, tenho comigo a crença de que viver mais tempo, ou experimentar a longevidade extrema (falaremos mais no capítulo 6) diminuirá, naturalmente, a visão, hoje, descartável dos bens de consumo. Ter coisas, assim como trabalho, educação e relacionamentos, vai significar se relacionar com algo que poderá nos acompanhar por muito mais tempo. E, nos dará respiro para trocar e mudar quando não for mais necessário, sabendo que novos ciclos virão para novas coisas e pessoas. O que, na minha opinião, justificará pensar em mais qualidade e menos no descarte.

Menos urgência pelo novo, mais compreensão dos ciclos da vida. Também teremos menos filhos – viver mais parece ser uma boa solução para o controle de natalidade –, por outro lado, eles também viverão muito mais. Pessoas e coisas farão parte de ciclos das nossas vidas que podem ir e voltar em uma estrada cada vez mais longa. O consumismo descontrolado e a instantaneidade me parecem coisas que vão nos cansar mais cedo ou mais tarde. Aceleramos o tempo com a tecnologia e estamos ansiosos para dar conta de tudo, mas também, pela tecnologia, vamos entender melhor o tempo das coisas. Viver a vida como se não houvesse amanhã vai parecer uma hipótese cada vez mais difícil, já que vamos empilhar muitos amanhãs.

Essas são apostas de quem vem acompanhando esse tema de um outro olhar, entendendo que, se me cuidar bem, meu pacotinho conviverá com várias gerações de familiares que terão essa conscientização de perenidade e responsabilidade pelas coisas. Cada vez mais, as famílias incluem bisavós, tios-avôs e uma diversidade de idades nunca vista; uma criança de 10 anos, por exemplo, pode ver o irmão de 2, assim como a bisavó de 102 anos na mesa de almoço de domingo. Além disso, a mãe pragmática que sou não pode negar a revolução tecnológica que está a caminho; ainda estamos tateando o mundo da biotecnologia e edição de DNA para impactar os materiais (que poderão ser bem mais sustentáveis e, inclusive, com impacto positivo para o meio ambiente, a partir de organismos que vamos criar pela primeira vez), como a lógica da IA para nos ajudar a resolver desafios que ainda nos assustam na temática ambiental.

Tudo isso soma-se ao mercado ao qual me dediquei nos últimos nove anos: o dos negócios de impacto. O empreendedorismo, operando na lógica de mercado, para viabilizar soluções que resolvam desafios socioambientais, é, para mim, uma *hackeamento* do sistema, entregando valor a todos os interessados.

Mas estou me adiantando. Não sei se você já conhece o conceito de negócios de impacto ou investimentos de impacto.

Vamos à explicação... Existe um movimento no mundo que, na minha opinião, uniu de forma muito qualificada duas forças importantes: a do mercado, a lógica de venda de produtos e serviços, com a visão da filantropia, e a capacidade dela de reconhecer problemas e endereçá-los corretamente – problemas, aqui, no sentido real, desafios da sociedade, como saúde, educação, finanças e sustentabilidade. Todo empreendedor deve encontrar um bom problema para resolver, mas os empreendedores de impacto sobem essa régua e buscam colocar no centro do seu negócio um problema socioambiental, que vai além de uma demanda pura de consumo. Com isso, eles aceitam o desafio de ganhar dinheiro e entregar soluções para o mundo com mais propósito. De verdade, não apenas na campanha do marketing.

Os critérios – pelo menos no Brasil – que ajudei a construir a partir de um estudo de mercado com a Pipe.Social têm como base quatro pilares. Realizei em 2019, com a minha equipe, uma pesquisa com atores desse mercado, a convite da Aliança pelos Negócios de Impacto e do Instituto Cidadania Empresarial, chamada *O que são negócios de impacto*. Em comum acordo, a escuta nos levou a quatro critérios:

1 • **intencionalidade;**
2 • **impacto na atividade principal do negócio;**
3 • **busca por retorno financeiro e lógica de mercado; e**
4 • **compromisso com o monitoramento do impacto.**

Os detalhes estão no estudo, mas a definição mais comum, baseada nesses critérios, pode ser resumida assim: negócios de impacto são empreendimentos que têm a intenção clara de endereçar um problema socioambiental por meio de sua atividade principal (seja seu produto/serviço e/ou sua forma de atuação) e que se comprometem a mensurar e monitorar o impacto positivo gerado.

Mas você pode estar se perguntando onde isso conversa com a minha jornada de mãe preocupada com o futuro das nossas florestas, da água, do ar, da qualidade da nossa matriz energética e coisas do tipo. E essa volta foi para dizer que no fundo, lá no fundo, de todos os desafios sociais que vivemos – e os medos que podem gerar em uma futura mãe futurista –, a sustentabilidade me aflige menos.

Não vá embora, deixe-me explicar...

Gostaria de contar isso quase como um segredo, algo que deveria ficar entre nós, mais para acalmar as mentes agoniadas: sinto que estamos no caminho certo quando se trata desse tema. Aos poucos, mas com muita qualidade, inovação e tecnologia, as pessoas e os mercados têm se adaptado para usarmos da melhor forma os recursos naturais que temos à disposição.

Um belo exemplo do desenvolvimento de soluções que impactam o mundo de modo positivo, geram economia e até renda para as pessoas e os negócios está na energia solar. A rapidez e capilaridade com que ela está chegando ao mercado do consumidor comum impressiona. O preço dessa solução tem se tornado viável e acessível e cada vez mais pessoas e empresas estão gerando a própria energia limpa. Bingo! Um pelo negócio de impacto.

O Brasil, por exemplo, em todos os nossos estudos, vem despontando no desenvolvimento de soluções de economia circular, resíduos, tratamento de lixo, Mercado de Carbono etc. Vejo cada vez mais empreendedores, apoiados por grandes empresas com cadeias produtivas complexas, darem as mãos para gerar inovações na real visão do ganha-ganha para todo mundo!

De forma alguma quero dizer que está tudo resolvido e que vai ser simples. Há muita estrada a ser caminhada, inclusive se contarmos que essa estrada é feita também de quilômetros espaciais. A nova era espacial, que tirou essa pauta da exclusividade pública para levar às lógicas de mercados privados, é mais uma barreira vencida que está destravando uma revolução. Não que eu esteja dizendo que vamos todos morar em Marte, com Elon Musk, quando acabarmos com a Terra (apesar de adorar a ideia de embarcar nessa viagem especial com o meu filho daqui a uns trinta anos). Trago aqui inovações ainda mais palpáveis para a Terra mesmo.

Explorar melhor o espaço será transformador para a nossa alimentação e a produção de energia, em especial. Dados mais precisos de clima, solo, lavouras etc. serão caminhos mais palpáveis para otimizar e melhor planejar o cultivo e a criação de tudo que nos mantêm alimentados. Sem contar que os gases, os minerais e até novas matérias que poderemos explorar nos trazem a chance de sermos ainda melhores na produção de energia e, talvez mais desafiador ainda, no armazenamento de energia.

ESG

Há ainda a tendência de mercado dos chamados temas ESG, ou ASG em português (ambiental, social e governança), que vão impulsionar a inovação. Nos últimos dois anos, nenhum mercado fugiu à exposição desse tema, o que trouxe também muitos recursos para sustentar novos caminhos de impacto positivo e, claro, os negócios de impacto que venho acompanhando.

Obviamente, essas visões não são resultado do romantismo de uma mãe, esperando o melhor para o seu pacotinho. Há alguns anos de trabalho e experiência profissional no setor e muitos estudos referenciados aqui, produzidos por especialistas, que corroboram com essa análise. Para não deixar de citar nomes, fica aqui a referência ao livro *If science is to save us* (Se a ciência é para nos salvar, em tradução livre), de Martin Rees, lançado no fim de 2022.

Falamos tanto de ciência atualmente, às vezes com o tom de mais de medo e polêmica do que de otimismo, que fico animada com as proposições desse astrônomo da Royal Society Academy, de belos cabelos brancos e muito conhecimento, que insiste que devemos ser otimistas tecnológicos e que não há impedimento científico – mesmo com o conhecimento atual – para alcançar um mundo sustentável neste século, apesar do pessimismo do ponto de vista político e sociológico. Temos é que acompanhar esse desenvolvimento tecnológico, frear o que for preciso e investir no que for necessário.

> Nunca houve um momento em que "seguir a ciência" tenha sido mais importante para a humanidade. Em nenhum outro momento da história tivemos conhecimento e tecnologia tão avançados em nossas mãos, nem tivemos uma capacidade tão surpreendente de determinar o futuro de nosso planeta. Não há impedimento científico - mesmo com o conhecimento atual – para alcançar um mundo sustentável neste século. [...] Porém a degradação ambiental, a mudança climática descontrolada e as consequências não intencionais da tecnologia avançada podem desencadear reveses sérios, até mesmo catastróficos, em nossa sociedade, Portanto, é cada vez mais crucial garantir que a ciência seja implantada de maneira ideal e que os freios sejam aplicados a aplicações perigosas ou antiéticas
>
> **Martin Rees**[21]

---

21 Astrônomo da Royal Society Academy, autor de *Sobre o futuro* e *If science is to save us*.

ENERGIA

Mas vamos por partes. Por um lado, o universo da geração de energia, a base para todos os nossos sonhos de futuro, parece ser o grande vilão atual contra a sustentabilidade. Por outro lado, é o ativo inegociável para a nossa sobrevivência nos moldes da vida que queremos ter para os possíveis 10 bilhões[22] de seres humanos (aqui, também é uma longa conversa, mas há hipóteses de que esse será o pico do gráfico de volume de humanos no planeta Terra, tendo menos filhos; nossa população será decrescente). Neste exato momento em que escrevo o livro, estamos batendo a marca de 8 bilhões de pessoas no planeta. Os caminhos para geração de energia limpa e mais sustentável são muitos. O desafio parece longo, mas, como estamos falando da disponibilidade de muitos recursos financeiros para o setor motor da economia, há também muita pesquisa e inovação sobre o tema.

Estamos vivenciando a maior revolução de energia desde a Revolução Industrial. Vários países com grande impacto no mundo – por exemplo, a Índia, que tende a representar 25% do consumo de energia nas próximas décadas, e que ainda tem 75% da sua matriz energética dependente de carvão – estão olhando pesado para energia solar e eólica. A China, apesar do estereótipo conhecido de fábricas e poluição, tem focado bastante nas baterias e carros elétricos... Nada disso seria possível sem que essas soluções fizessem sentido para o mercado e não fossem rentáveis – mais uma vez, a minha crença nos negócios de impacto!

---

[22] Se quiser saber as previsões da ONU sobre o tema, leia: POPULAÇÃO mundial deve chegar a 9,7 bilhões de pessoas em 2050, diz relatório da ONU. Nações Unidas Brasil, 17 jun. 2019. Disponível em: https://brasil.un.org/pt-br/83427-populacao-mundial-deve-chegar-97-bilhoes-de-pessoas-em-2050-diz-relatorio-da-onu. Acesso em: ago. 2024.

Esses processos são, entretanto, demorados e lentos. As famosas placas fotovoltaicas não são soluções novas – há mais de sete décadas que esse tema e possibilidade são conhecidos. Você, jovem da geração Z, que pode estar lendo este livro, talvez não tenha visto, mas provavelmente conhece alguém que usou uma calculadora solar. Sim, uma calculadora física – fora do celular e do computador – que as pessoas usavam para fazer suas contas e que, no lugar de pilhas, lançavam mão de plaquinhas que buscavam a energia do sol.

Ah, queridos engenheiros, desde já peço desculpas por erros ou explicações genéricas demais sobre esse mundo das energias e baterias. Tenho um respeito profundo pelas habilidades técnicas e compreensão de processos que vocês têm. Em alguma vida, quem sabe na minha segunda aposentadoria, aos 90 anos, eu tope encarar esse tema com o esmero necessário.

Meu pacotinho, se você está lendo este texto, fica aqui uma dica de área de estudos que sua mãe acha revolucionária para entender o futuro. Por ora, e por sorte, tive o prazer de conhecer alguns israelenses brilhantes, com os quais estudei, que poderão explicar melhor para você como uma tinta de parede à base de nanotecnologia pode absorver/conduzir luz solar e ajudar construções a gerar energia, ou, ainda, que colocaram à disposição do mundo, em 2023, a primeira fábrica de filmes solares flexíveis, as quais podem estar em vários lugares inusitados por aí (Apollo Carmel, de umas das pessoas mais inteligentes e doces que eu já conheci, Eran Maimon).

++ Pesquisa conduzida pela Bloomberg New Energy Finance (BNEF) – New Energy Outlook 2022 (Panorama da Nova Energia 2022) – aponta que as energias solar e eólica fornecem aproximadamente dois terços da geração de energia mundial até 2050. Essas duas tecnologias, combinadas com o armazenamento em bateria, respondem por impressionantes 85% dos 23 terawatts de novas adições de capacidade de energia instaladas nas próximas três décadas. Com isso, as emissões do setor de energia caem 57% e as emissões do setor geral de transporte caem 22% até 2050, impulsionadas pela transição do segmento rodoviário para veículos elétricos. O uso global de carvão, petróleo e gás atingirá o pico na próxima década, com o carvão atingindo um ponto alto e começando a declinar imediatamente, enquanto o petróleo faz o mesmo em 2028 e o gás no início da década de 2030.

New Energy Outlook 2022 (Panorama da Nova Energia 2022)

Da calculadora para os telhados de placas fotovoltaicas e fazendas solares nos desertos foram-se muitos anos. Há quem diga que, em 2050, teremos 10% do mundo alimentado por energia solar. Menos do que eu gostaria e menos do que os otimistas do setor das tecnologias exponenciais diriam. Quando se trata de algumas dessas pautas – que estão muito tracionadas pela economia e com muita pesquisa sendo realizada –, sempre vejo os institutos de pesquisa tradicionais errarem para baixo.

Fato é que não será conversa de mãe futurista: meu filho já nascerá em uma casa que vive à base de energia solar. A vantagem de sair um pouco dos conglomerados urbanos em um país tropical é ter telhado e espaço suficiente para utilizar as placas solares ou fotovoltaicas, que a cada ano estão mais baratas, acessíveis e até financiáveis via valores da conta de luz, como já oferecidos por algumas *startups* brasileiras. Para quem quiser saber mais, fica aqui um jabá, já entrevistamos no Hidra Podcast (disponível no YouTube e em todas as plataformas de áudio)[23] Fábio Carrara, da Solfácil, que financia produtos e serviços para pessoas físicas e jurídicas que querem fazer uso de energia solar.

Em um cenário não tão tropical, um caminho projetado por muitos especialistas são os painéis solares em órbita. Com melhor acesso ao Sol, eles potencialmente poderiam gerar volumes incríveis de energia. A SEI (Space Energy Initiative) afirmou recentemente que acredita que até 2035 isso será possível. A ideia é criar equipamentos que melhorem a eficácia das células solares, possam converter a frequência solar para rádio e reduzam flutuações de temperatura nos componentes dos satélites – tudo para criar estruturas mais estáveis. A China também diz estar nessa corrida. Vale dizer que também há bastante questionamento da viabilidade dessas ideias em termos de preço e conversão da energia, porque não será simples trazer isso de volta para a Terra.

Mais próxima da realidade e até mais controversa é a fusão nuclear que vem sendo apontada como uma oportunidade segura para o futuro da energia. A fusão alimenta o Sol, é uma forma de gerar energia abundante sem poluir o meio ambiente ou liberar níveis perigosos de resíduos radioativos. Em meio ao período de crise energética e guerra na Ucrânia, cientistas do Lawrence Livermore National Laboratory, na Califórnia, anunciaram um avanço importante: pela primeira vez, eles

---

23 FÁBIO Carrara, Solfácil, financiando energia solar para as pessoas. Publicado pelo canal Hidra Podcast. Disponível em: https://www.youtube.com/watch?v=s-qk3XUm22xw&t=165s. Acesso em: ago. 2024.

reproduziram uma reação de fusão nuclear que produziu mais energia do que ela gastou.

Sem uma descrição técnica, podemos dizer que temos um avanço simples, mas importante: os humanos podem explorar o processo que alimenta as estrelas para produzir energia na Terra. Como fonte limpa de energia, a fusão nuclear pode ajudar a substituir os combustíveis fósseis poluentes e superar os principais desafios das mudanças climáticas. Assim como o mercado espacial, esse tema saiu no universo público e chegou ao privado, proporcionando mais chances às inovações tecnológicas. Há no mercado algumas dezenas de *startups* olhando para fusão nuclear.

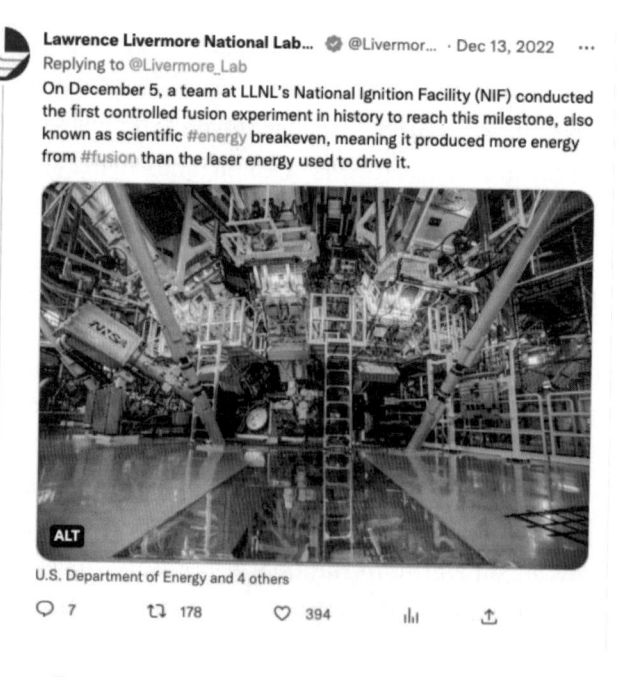

Fonte: Reprodução do Twitter, janeiro de 2023.

O cenário da energia limpa me parece muito um caminho sem volta, ainda mais por aqui, com tanta água, sol e inovação. Inclusive, as pesquisas de *biotech* precisam ser incluídas nessa lista de possibilidades de futuro mais verde para a energia. Há muitos estudos de integração de tecnologias com plantas de forma a tornar nosso consumo de energia mais viável com a escala absurda de informações e dados que geramos todos os dias... Será impossível explicar para o meu filho que um disquete (sim, se você tem menos de 30 anos pode não ter visto um) armazenava incríveis 44 megabytes. Hoje, você devora isso antes do seu café da manhã.

DNA talvez seja a próxima revolução. As soluções de edição genética trazidas ao mundo pelos pesquisadores que desenvolveram o sistema CRISPR-cas9 (Clustered Regularly Interspaced Short Palindromic Repeats, em inglês) – entre eles, várias mulheres, para quem busca essas referências – trouxe para nós a possibilidade de brincar de deuses. Para o bem e para o mal.

++ O desenvolvimento da tecnologia CRISPR (Conjunto de Repetições Palindrômicas Regularmente Espaçadas) conferiu o Prêmio Nobel de Química de 2020 à geneticista francesa Emmanuelle Charpentier e à bioquímica norte-americana Jennifer Doudna. Em 2012, elas atuaram em parceria para obter um sistema mais rápido e acessível de edição gênica. Essa "tesoura dos genes" corta e edita o DNA para tratar de doenças. A primeira descrição da técnica em detalhes foi feita em um artigo da revista *New England Journal of Medicine*, em 2019. No texto, o imunologista Deng Hongkui e equipe relatam um teste conduzido em um homem de 27 anos que tinha leucemia e era portador do vírus HIV; após o controle das enfermidades com medicamentos, os pesquisadores submeteram o paciente ao tratamento: retiraram células da medula óssea de um doador e, antes de transferi-las para o paciente, utilizaram a CRISPR para desativar o gene contendo a receita de uma proteína usada pelo HIV para invadir os linfócitos.

Revista *Fapesp*, edição 288, 2020

Em termos de energia, já existem pesquisas que apontam que as edições genéticas podem unir as habilidades de certas plantas de brilharem no escuro com outras que se adaptam bem à vida urbana. Isso significa, por exemplo, que você pode caminhar por aí à noite pelas ruas da cidade e ter seu caminho iluminado por uma palmeira. A sua casa também pode ter toda uma ambientação sendo feita por suas mudas de jiboias, ou por alguns cogumelos talvez.

Longe de ser uma grande novidade, a bioluminescência é uma pesquisa há muito conhecida em algumas áreas da ciência – eu mesma, no parque de pesquisas NASA, na Califórnia, o AMES, ainda em 2014, brinquei de fazer brilhar no escuro pequenas bactérias em uma placa de Petri. Mas ainda não vemos a solução aplicada em grande escala – pode ser que seja no futuro.

Ainda mais complexo e custoso parece ser o armazenamento de dados em DNA. E as pesquisas recentes da Microsoft mostram isso muito bem. Seria revolucionário e sustentável usar o DNA de plantas para guardar nossas informações e poupar as fazendas de servidores que existem mundo afora do consumo de energia.

Parece incrível como um filamento de DNA consegue guardar tanta informação em um espaço tão pequeno. Um grama de DNA pode armazenar 220.160 terabytes, como explicam os pesquisadores do Wyss Institute, da Harvard University, nos Estados Unidos. Inclusive, são eles também que estão na linha de frente para diminuir os custos desse processo. Hoje essa solução não é viável – como toda tecnologia inovadora no início da sua jornada de escala exponencial – porque os preços por unidade são proibitivos: US$ 3.500,00 para armazenar 1 megabyte de informação.

E para você que achou que eu não ia falar de NFTs neste livro, aqui vão meus pitacos sobre essa pauta. Confesso que a glamourização do tema da tokenização em mercados como o metaverso ou mundo *gamer* pouco me atrai ou me preocupa ao ponto de tirar o sono de uma mãe em construção. Entretanto, me parece mais relevante para a defesa do meu olhar positivo sobre o tema ambiental a oportunidade de usar NFTs, por exemplo, para movimentar o mercado de crédito de carbono. Trazer mais mensuração, monitoramento, circulação internacional e dinheiro para a pauta

> ✳ **NFT**
>
> O Token Não Fungível (NFT) ganhou notoriedade no espaço da *blockchain* e das criptomoedas. Da venda de obras de arte famosas a colecionáveis, passando até por um tuíte, são representações digitais de algo único. De acordo com estimativas do banco Morgan Stanley, os mercados de NFT e de jogos no metaverso podem representar 10% do mercado de luxo até 2030, com possibilidade de gerar receita de mais de 50 bilhões de euros.

nada simples da compensação de carbono. Inclusive, o mercado de *blockchain*, moedas digitais, criptomoedas e todas as suas derivações, que parece ainda estar se descobrindo, é um caminho mais sustentável para as finanças e transações internacionais, assim como acompanhamento de impacto de investimentos.

MERCADO DE CRÉDITO DE CARBONO

++ Surgida a partir da criação da *Convenção das Nações Unidas sobre a Mudança Climática* – ECO-92, realizada no Rio de Janeiro –, a proposta de um mercado de carbono ganhou força em 1997 durante as reuniões de Quioto (Japão). Nela, foi estabelecido o Protocolo de Quioto, definindo que os países signatários deveriam assumir compromissos mais rígidos para a redução das emissões de gases que agravam o efeito estufa. Este protocolo, para entrar em vigor, deveria reunir 55% dos países que representassem 55% das emissões globais de gases de efeito estufa, o que só aconteceu depois que a Rússia o ratificou, em novembro de 2004.

O objetivo central do Protocolo de Quioto passou a ser que os países limitem ou reduzam suas emissões de gases de efeito estufa; por isso, a redução das emissões passou a ter valor econômico. Por convenção, uma tonelada de dióxido de carbono (CO_2) corresponde a um crédito de carbono – crédito que pode ser negociado no mercado internacional. A redução da emissão de outros gases, igualmente geradores do efeito estufa, também pode ser convertida em créditos de carbono, utilizando-se o conceito de carbono equivalente.

Para ajudar os países a alcançar suas metas de emissões e para encorajar o setor privado e os países em desenvolvimento a contribuir nos esforços de redução das emissões, os negociadores do protocolo incluíram três mecanismos de mercado, além das ações de caráter nacional ou esforços de redução individuais: comércio de emissões, implementação conjunta e mecanismo de desenvolvimento limpo.

PAM Amazônia

Os caminhos são tantos... Independentemente se vamos mesmo evoluir nessas possibilidades que aqui apresentei, o que quero trazer é um olhar propositivo que as tecnologias e as soluções de impacto trazem para essa futura mãe futurista. Se você entende um pouco dos dois últimos temas, sabe que NFT e armazenamento em DNA ainda estão em fase de adaptação perante o volume absurdo de energia que eles consomem para acontecerem no mundo. Essa talvez seja a principal luta dos próximos anos para todas as soluções tecnológicas: consumo e armazenamento de energia.

ALIMENTAÇÃO

Já me contradizendo – por aqui mesmo, bem humanamente –, se há algo que me preocupa dentro do tema sustentabilidade é essa temática das *biotechs*. Menos os impactos ambientais que conhecemos até agora, algo que parece ter saído do filme de ficção científica do último lançamento do *Jurassic World Dominion*. Apesar de sonhar com a possibilidade de levar a família para ver de perto cavalos correndo com dinossauros, como o filme sugere, acho bem mais realista a possibilidade nada romântica e muito assustadora de chegarmos em um limite de criações genéticas, em laboratório, que gerem um supergafanhoto que destrua nossas lavouras (pequeno *spoiler* do filme).

Se há algo para debatermos eticamente – e com uma regularização propositiva e não impeditiva da inovação –, são os limites da exploração genética e de edições de DNA. É incrível ver tudo se tornar mais fácil e acessível, para mais pessoas mergulharem na ciência e em soluções para problemas socioambientais. É lindo ver crianças sendo educadas em uma lógica de laboratórios de experimentação, ou seja, onde podem colocar a mão na massa e vivenciar as inovações (como FabLabs de várias escolas) e fazer pesquisas que seriam inimagináveis para minha geração – que vivenciou aulas tradicionais de ciências. Por outro lado, o acesso democratizado e descentralizado traz os perigos e os desafios de regular e organizar. Vejo aqui o mesmo paradigma da Inteligência Artificial. E, ainda que seja sempre em prol da liberdade e da inovação, não consigo ter opiniões formadas sobre esses dois temas. A não ser a certeza de que precisamos falar deles.

> ++ De acordo com relatório da Organização das Nações Unidas (ONU), em 2050, teremos 9,7 bilhões de pessoas no planeta; para alimentá-la, a produção deve aumentar em 70%.
> **Relatório da FAO**

Mas estou me adiantando e trazendo visões sobre *biotechs* e suas maravilhas para a saúde que podemos explorar no bloco a seguir. Aqui, como cozinheira amadora que sou, mineira, neta de fazendeiro, preciso me ater à alimentação.

O agro não só é *pop* como é *tech*. Há uma revolução de inovação também no campo. Hoje, mais de 20 mil vacas usam as coleiras de monitoramento da CowMed, *edtech* gaúcha, para detecção de cio, alertas de problemas de saúde e monitoramento nutricional. A minha amiga querida, Mari Vasconcelos, da Agrosmart, está com clientes por toda América Latina e chegando também à Europa, levando soluções para uma agricultura que economiza água, o uso de defensivos agrícolas e monitoramento da lavoura com qualidade. A tendência é que soluções como essa ganhem ainda mais escala e capilaridade.

> O Brasil saiu de um país que importava alimentos para se tornar o maior produtor de alimentos, fibras e bioenergia. Fizemos isso com tecnologia, inovação e com a força dos produtores rurais. A agricultura brasileira alimenta mais de 800 milhões de pessoas em todo o globo, exportamos para mais de 170 países. A agricultura digital faz parte dessa realidade.
>
> **Celso Moretti**[24]

As soluções exponenciais estão se tornando viáveis e acessíveis, inclusive a compra de pedaços de vaca, porco, frango cultivados em laboratório. Sim, se você já comeu um "hambúrguer do futuro" feito em laboratório à base de ervilhas (os famosos *plant-based*) e achou incrível, reveja seus conceitos sobre a possibilidade de poder se alimentar de carne à base de vaca e com gosto de carne, mas sem a vaca. Uma ideia já bem real e nada futurista.

---

[24] Presidente da Embrapa, em cerimônia de demonstração de projetos-piloto de conectividade 5G, em Londrina (PR), em agosto de 2021.

Em Singapura, em 2020, a *Eat Just* uniu em seus biorreatores um mix de células de um frango e um sérum de vegetais e lançou um nuggets de frango – sem precisar da galinha. O mesmo movimento fez a empresa israelense SuperMeat – com pedaços de frango crocantes – e a californiana Finless Foods, com suas carnes de atum. Mais ousados ainda são companhias como Mosa Meat (Holanda), Upside Foods (Estados Unidos) e Aleph Farms (Israel) que estão desenvolvendo, em pequena escala ainda, carne com textura de carne. Se o leitor quiser se aprofundar, a minha sugestão é buscar os *reports* de tendências do Future Today Institute, muitos disponibilizados gratuitamente. Com a carne, estão vindo também queijos, leites e outras proteínas saídas de laboratório.

Outros *trendbooks* atuais dizem que, até 2050, os indivíduos comerão coisas como carne cultivada e desenvolvida em laboratório, insetos ricos em proteínas, algas marinhas e castanhas que não causam alergias. Eu diria que 2050 já chegou para muitos desses itens que já podem ser comprados em alguns lugares e que essa escalada mundial não deve demorar tanto.

Além do desafio ambiental que a produção de carne em laboratório ajudaria a endereçar, diminuindo os problemas com água, gases de efeito estufa, entre outros, a alimentação de qualidade para uma população de 10 bilhões é outro ponto importante. A fome – e a nutrição – é um dos desafios mundiais. Mais uma vez aqui, podemos estar vendo um mundo novo de alimentos geneticamente modificados que trarão grandes benefícios para o organismo.

Não precisamos ir muito longe nessa conversa. É visível, provavelmente em alguma prateleira da sua cozinha ou copa, o *boom* dos suplementos alimentares, vitaminas, probióticos ou ainda as proteínas sintéticas para os mais dedicados à academia de ginástica. Pode parecer pouco, mas já temos uma avenida aberta para o mercado que está por vir de uma alimentação ainda mais customizada em laboratórios. Já estamos criando hábitos de buscar por complementos para dar mais qualidade ao que ingerimos e os medos dos sintéticos e geneticamente modificados parecem coisa do passado. Especialmente se estamos falando em soluções que focam melhorias de saúde, mais nutrientes, e não apenas os ganhos para o agronegócio.

E, por outro lado, acho que o hábito de nos alimentar, de ceiar e cozinhar seja tão arraigado na nossa cultura, na nossa tradição social como seres humanos, ou como forma de transmitir carinho e amor às nossas famílias, que não deve deixar de existir. Mas, definitivamente, não acho que seremos todos alimentados por saquinhos prateados no modelo de comida de astronauta. Lembro que, no kit de boas-vindas nos nossos dormitórios na NASA, recebemos, em 2014, um saquinho de alumínio com "sorvete de astronauta" ou "sorvete espacial". Naquela época, ainda era para mim uma grande novidade comer alimentos liofilizados – alimentos que tiveram a maior parte da água removida por um processo de liofilização.

Essa tecnologia data da época das missões espaciais Apollo, década de 1960, e foram feitas para que os astronautas pudessem se alimentar em missões de longa duração, como para a Lua, reduzindo o peso da água e do oxigênio dos alimentos levados na bagagem. Mesmo assim, não vemos por aí caminhões pelas estradas usando essa mesma estratégia para o transporte mais simplificado de alimentos. Muito provavelmente porque, mesmo que houvesse vantagens em transportar comida liofilizada, não haveria na outra ponta consumidores interessados em se alimentar de forma tão sem graça... Um daqueles indícios de que as soluções de inovação precisam acompanhar hábitos e desejos dos consumidores.

Acredito que haverá ainda uma revolução, principalmente no tratamento de doenças e na prevenção de outras, por meio do uso de soluções sintéticas que farão parte das nossas rotinas, assim como alimentos geneticamente modificados. Muitos produtos já virão da fazenda editados e mais potentes antes de figurarem em nossas mesas. Recentemente, em fevereiro de 2024, o FDA liberou a venda de sementes para o consumidor final de um tomate roxo. Sim, um tomate especial, que, além da cor inusitada, tem mais tempo de resistência ao transporte e às prateleiras dos supermercados, assim como é mais rico em nutrientes como as antocianinas, presentes em outros alimentos dessa cor e que ajudam na saúde do coração e na melhoria do sistema imunológico para o combate ao câncer, por exemplo. Continuaremos por um bom tempo brindando em torno da mesa.

Voltando "à vaca fria" desse bloco. É claro como as inovações em *biotech* vão impactar nas discussões de clima e no futuro do mercado agro. Mas também vão trazer novas visões de comportamento. Acredito que o meu pacotinho não sentirá a necessidade de ser vegetariano em razão da causa ambiental, pelo menos não como conhecemos hoje. Talvez, quem sabe, ele se identifique com outros animais que, de alguma forma, iniciaram a vida em uma placa de Petri (aquele recipiente de vidro, utilizado em laboratórios de microbiologia e rotinas de bacteriologia para cultura e identificação de microrganismos). Ui! Expondo meu flanco aqui a todo tipo de desconforto para dar o gancho com o que de fato me preocupa nessa pauta: o poder da bioengenharia.

BIOTECH E DESIGN INTELIGENTE

E-mail publicado nos Arquivos de Steve Jobs, por sua viúva Laurene Powell Jobs, enviado por ele, para ele.

> **from: steve jobs**
> **to: steve jobs**
>
> *I grow little of the food I eat, and of the little I do grow I did not breed or perfect the seeds.*
> *I do not make any of my own clothing.*
> *I speak a language I did not invent or refine.*
> *I did not discover the mathematics I use.*
> *I am protected by freedoms and laws I did not conceive of or legislate, and do not enforce or adjudicate.*
> *I am moved by music I did not create myself.*
> *When I needed medical attention, I was helpless to help myself survive.*
> *I did not invent the transistor, the microprocessor, object oriented programming, or most of the technology I work with.*
> *I love and admire my species, living and dead, and am totally dependent on them for my life and well being.*
>
> Steve Jobs, 2010

Adoro conversas sobre as "novas famílias", diferentes arranjos e conceitos. Especialmente porque esse tema mexe muito com os valores e desejos mais naturais das pessoas. Para a minha surpresa, conversar sobre produção independente, no entanto, abre uma caixa-preta ou dá "tela azul" (para os *cringes*) em pessoas que eu nem imaginava. No fundo, parece que falar de bebês e filhos dá uma liberdade para todo mundo colocar para fora os seus conselhos, opiniões e visões de mundo – pelo menos é o que as grávidas e mães nos contam por aí. De verdade, nada disso me incomoda a fundo, até porque o conceito de família que de fato me encanta no momento é o da biologia.

Já parou para pensar que somos todos – eu, você, os gorilas, orangotangos e chimpanzés – da mesma família? Uma família barulhenta e esperta. Uma família só, com muitas espécies diferentes. E, se dermos mais um *zoom*, vamos explorar o nosso gênero em si: *Homo*. Há essa turma bípede que evolui bastante – chegou a ter 21 espécies –, mas somente uma subespécie resistiu. O *Homo sapiens sapiens*. De todos os animais desse nosso planetinha, que estão organizados em grandes famílias e que, dentro delas, estão organizados em espécies, normalmente várias subespécies – penso nos ursos e nas formigas, quanta variedade de subespécies conhecemos –, nós somos só umazinha.

Em outras palavras, com as discussões culturais e políticas que vivemos, me faz bem e acalma o meu coração de mãe me ater à biologia. Somos parte de uma grande família, cheia de bichos diferentes, mas, no fim das contas, todos – independentemente de cor de pele, características de cabelo, cidadania ou religião – somos de uma só espécie: a única espécie humana que sobreviveu. Se você estiver sofrendo com esses olhares externos sobre essa pauta, veja se te ajuda a olhar para esse contexto macro e histórico.

Ah, você não achou que íamos falar de uma história tão antiga nessas páginas futuristas. Mas eu não podia deixar de citar um dos pensadores de futuro mais conhecidos da atualidade: Yuval Harari, historiador e professor da Hebrew University, em Jerusalém, Israel (instituição que me acolheu para estudar inovação e tecnologia, e pela qual me encantei). Harari é autor de vários livros que adoro, mas *Sapiens* é o mais conhecido. Meu pacotinho, por exemplo, já tem reservado em casa a sua edição dos dois volumes de *Sapiens* em quadrinhos, de 2021.

Lendo os livros de Harari me deparei com a ideia de design inteligente, como ele mesmo diz, uma nova maneira de brincarmos de Deus. Especialmente dentro do universo da biologia, as possibilidades de interferirmos para desenharmos – de forma "mais inteligente", "eficiente", "adaptada às nossas necessidades" –, os organismos à nossa volta estão crescendo de forma exponencial. Nem sei se Moore, citado nos capítulos anteriores por sua lei de tecnologias escalando exponencialmente, considerou com tanta qualidade a evolução das soluções digitais para modificar organismos, e o mundo à nossa volta.

É importante pontuar que entendo que Harari provoca o nosso raciocínio em torno do termo design inteligente, anteriormente usado no contexto mais religioso, apresentado como um caminho para explicar a existência do Criador. Aqui, estamos falando de seres humanos brincando de Deus. Em alguma medida, eu poderia estar aqui sendo acusada de brincar de Deus a partir do momento que estou usando da tecnologia para engravidar de um pequeno experimento de laboratório que deixará para as salas frias e jalecos brancos o momento sagrado da fecundação. Pronto, falei!

✳ Design inteligente (contexto religioso)

O movimento criacionista usa o conceito do design inteligente (em inglês, *Intelligent Design*) como forma de lançar uma teoria científica para se contrapor aos defensores da evolução biológica. Como hipótese pseudocientífica, defende que certas características do universo e dos seres vivos são mais bem explicadas por uma causa inteligente, e não por um processo não direcionado (e não estocástico) como a seleção natural. De acordo com o físico Paulo Nussenzveig, a teoria do design inteligente não é científica, portanto não deve ser ensinada nas escolas. O físico aponta, em entrevista à Rádio USP, que o principal argumento em defesa do DI é que "a complexidade dos seres vivos e de seus órgãos não poderia surgir do acaso, hipótese apresentada como complexidade irredutível: sem um 'projetista' inteligente essas estruturas não poderiam existir". Mas o físico é categórico: "A hipótese de que um criador 'inteligente' é responsável pelo surgimento da vida (e do próprio Universo) não se presta a testes experimentais", ressalta. "Portanto, não pode ser considerada científica."

Fonte: Jornal da USP – https://jornal.usp.br/radio-usp/design-inteligente-nao-e-ciencia-e-nao-deve-ser-ensinado-nas-escolas/.

É mais por esse caminho que estamos indo nesse momento. Não acham uma ousadia estar em uma era em que se é possível cultivar órgãos e repor peças nos nossos corpos que pareçam ter algum defeito? Ou a possibilidade de criarmos do nada, sem o processo da seleção natural, novas espécies de seres vivos?

A bioengenharia é um campo de estudos que tem a possibilidade de criar vidas: desde reparar tecidos e órgãos como, em laboratórios, dar vida a organismos jamais vistos na Terra. E, aqui, estamos falando de bactérias, vírus, micro-organismos, até mesmo espécies de tamanho visíveis a olho nu. Para o bem ou para o mal.

Projeções da plataforma *Visual Capitalist*, que nos presenteia com belas infografias, dizem que esse é um mercado que deve gerar receitas de até 28 bilhões de dólares em 2026, quando boa parte das soluções estiver disponível para consumo[25].

> Hoje, o regime de seleção natural de 4 bilhões de anos está enfrentando um desafio completamente diferente. Em laboratórios no mundo inteiro, cientistas estão criando seres vivos. Eles violam as leis da seleção natural impunemente, sem se deixar frear nem mesmo pelas características originais de um organismo. Eduardo Kac, um bioartista brasileiro, decidiu, em 2000, criar uma nova obra de arte: uma coelha verde-fluorescente. Kac contratou um laboratório francês e ofereceu um pagamento para que eles fabricassem uma coelha radiante de acordo com suas especificações. Os cientistas franceses pegaram um embrião de coelha branca comum, implantaram em seu DNA um gene retirado de uma água-viva verde fluorescente e *voilà*! Uma coelha fluorescente para *le monsieur* Kac. Kac batizou a coelha de Alba.
>
> **Yuval Noah Harari**[26]

---

25 Veja a arte completa em https://www.visualcapitalist.com/synthetic-biology-3-6-trillion-change-life/.
26 HARARI, Yuval Noah. *Sapiens*: uma breve história da humanidade. São Paulo: Companhia das Letras, 2020.

++ O professor Harari, por exemplo, em uma aula recente na Universidade de Cambridge, aberta no YouTube, enumera como os três maiores desafios da humanidade – para evitar a nossa extinção na Terra – pontos que abordamos aqui: crise climática, Inteligência Artificial e próxima guerra mundial. O clima, como disse anteriormente, pelo dia a dia do meu trabalho, me parece menos preocupante. Geopolítica, para mim, também está muito dependente do desenvolvimento de tecnologias e, por isso, esse tema de letramento em futuro me parece necessário para que as tomadas de decisão contem com o bom senso de mais pessoas! Porém, a Inteligência Artificial é transversal a todo esse livro e uma conversa necessária em qualquer recorte. Mas ela me preocupa mais em sua convergência com a biotecnologia... Brincando com o design inteligente, podemos colocar lenha na fogueira de qualquer preocupação de caminhos futuros.

Há coisas incríveis saindo do laboratório. Eu tive o privilégio de conhecer pesquisadores israelenses associados à Hebrew University, como meu professor e coordenador Elishai Ezra Tsur, que faz pesquisas sobre microfluidos e a possibilidade de simular a combinação de diferentes órgãos em um *chip*. Conhecido como *Body-on-a-Chip*, a ideia de Elishai – e de vários outros pesquisadores que atuam de forma semelhante – é poder testar, nesse "simulador de corpo humano", o impacto de químicos e outras toxinas antes de colocá-las em ação em corpos humanos reais, eliminando alguns riscos de testes de medicamentos, por exemplo, inclusive os testes em animais.

Na era das vacinas de mRNA, como as que conhecemos na pandemia recente, há uma esteira de soluções a serem testadas.

Já estão em fase de teste clínico vacinas contra tumores como melanomas e câncer de pulmão. Algo como um antídoto não preventivo – como a maioria das vacinas –, mas de tratamento mesmo, que ajuda as células do sistema imunológico a combater as células cancerígenas. O Reino Unido é quem conduz boa parte dos testes em universidades e foi lá que os primeiros pacientes receberam neste ano, via parceria entre Imperial College London e Imperial College Healthcare NHS Trust, as primeiras doses de vacina para o tratamento de tumores cancerígenos.

Por fim, seguindo essa pauta de família e design inteligente, é importante trazer um assunto espinhoso que as pesquisas estão bem próximas de tornar possível. É preciso compreender a visão da sociedade perante o tema. Imagine poder fazer melhoramentos genéticos no seu bebê, ainda na fase de embrião. Calma, imagine se isso fosse necessário para evitar uma probabilidade genética muito alta, avaliada a partir da análise da combinação de DNA daquele embrião, de doenças do coração ou diabetes. Se editarmos o embrião com o CRISPR (descrito no início deste capítulo), as probabilidades cairiam muito!

Claro que, se isso fosse viável, a possibilidade de escolher outras características das crianças também aumentaria significativamente, como cor dos olhos, cabelo, pele etc. Uma bela discussão que já levei muitas vezes para aulas de futurismo que ministrei por aí, sempre sem uma resposta fechada para essas possibilidades. Vale ressaltar que as pesquisas também visam ao uso desse tipo de técnica, ainda bem teórica, em outros animais, para nos ajudar no combate de pragas e outros desafios.

Por essas e várias outras coisinhas mais, há quem chame a próxima era de *Post Natural Age*, a Era Pós-natural, em tradução para o português. Não que tudo que a circunda seja simples e fácil, mas é inacreditável que estejamos discutindo a viabilidade dessas inovações atualmente. E pensar que não sabemos também quase nada sobre muitas das coisas que temos nas mãos nesse universo da biologia e das variações dos nossos organismos.

Deixo aqui um exemplo tristinho que vivi nesse processo de buscar um pacotinho para chamar de meu. Na primeira tentativa de descongelar meus óvulos para o início da FIV, perdi onze deles de uma só vez. Primeiro, cinco se foram no processo de descongelamento, os demais foram se perdendo dia sim, dia não, até a data em que eu tinha a minha primeira transferência marcada – que não aconteceu. Cheia de hormônios e chorando muito, ganhei colo do meu irmão e da minha mãe – e fomos assistir *Avatar: o caminho da água* nos cinemas. Não sei se foi a melhor escolha para aquela situação acompanhar um roteiro que, se pararmos para pensar, é muito família, fala de inovações tecnológicas incríveis como renascimento em um outro corpo ou cruzamento de espécies entre humanos e "alienígenas".

E mais ainda: imaginar o volume de tecnologia para desenvolver aquelas cenas maravilhosas, enquanto eu tinha acabado de ouvir do embriologista que não tinha muito como saber o que havia ocorrido no meu caso; que era uma exceção, que não dava para saber se era um problema de congelamento, descongelamento ou da composição mesmo dos óvulos. Indignada e frustrada, eu me perguntava: *Como pode? Já rejuvenesceram um óvulo e ainda estão aqui querendo reproduzir em outro planeta e não sabem?* Esse oito e oitenta representa bem para mim o mundo do design inteligente que vivemos. Estamos abrindo uma caixa de Pandora (com o perdão do trocadilho com o planeta dos amigos azuis), que pode revolucionar o mundo, mas muita coisa não vamos saber prever ou explicar também.

E fica aqui registrado o meu carinho a distância para as famílias que encaram os processos de fertilização e inseminação pelos mais diversos motivos. Haja emoção!

EXPLORAÇÃO ESPACIAL

Aproveito esse tema para revelar um desafio que dei para minha mãe ainda muito pequena. Os meus primeiros pesadelos e angústias eram bastante específicos para uma menina novinha. Não me lembro ao certo com qual idade comecei a ter medo do infinito. Também não me recordo onde ouvi essa palavra pela primeira vez. Mas me parecia inconcebível que tal conceito pudesse existir. Como assim? Há uma medida, uma forma de algo existir no mundo infinitamente, sem fim? O medo do infinito me levou muito cedo a ter curiosidade pelo conceito do universo. Todos os exemplos que eu tinha do infinito de uma forma ou de outra caíam na ideia dos céus, das estrelas, do universo. Sem conseguir chegar a uma conclusão ou a uma compreensão dessas ideias, eu chorava.

Em vez de ter medo do bicho-papão debaixo da minha cama, eu me preocupava muito com a ideia de algo sem fim, e queria colo para me acalmar. "Calma, minha filha, o infinito não vai te pegar. O infinito não é mal", ela dizia. Coitada da minha mãe. Os meus terapeutas adoram essa ideia e, sim, várias análises saíram daí. Mas o ponto importante é que, quando tive a oportunidade de estudar e trabalhar na Singularity University, dentro do NASA Ames, no Vale do Silício, nada me emocionou mais do que me credenciar e ter acesso a uma com essa sigla. Sim, estar ali naquela base, com a marca mais famosa quando se fala em espaço, fechou alguma *Gestalt* na vida. Assumi, de lá para cá, um carinho muito grande por essa pauta.

Espero poder explorar esse tema da Astronomia, viagens espaciais e até negócios espaciais com meu filho. Se a vida seguir as tendências atuais, até 2030 nós dois (e todo o mundo) poderemos acompanhar alguns países e várias empresas privadas que explorarão o espaço, e mais precisamente a Lua e os meteoros, como fonte de recursos. O mais famoso dos projetos com esse objetivo talvez seja o Artemis 2025, da NASA, que retorna à nossa vizinha responsável pelas marés por três razões principais: descoberta, inspiração para a próxima geração e oportunidade econômica. O programa Artemis pode ser parecido com seu predecessor, Apollo 11, que a agência espacial descontinuou no início dos anos 1970 depois de colocar doze astronautas na Lua – Artemis é gêmea de Apolo na mitologia grega. E, entre o desenvolvimento de soluções inovadoras para Terra, eles querem experimentar a vida na Lua e em Marte.

E vários países estão nessa corrida. Para surpresa de muitos, a Índia fez história ao se tornar o primeiro país a pousar próximo ao polo Sul da Lua, com sua Chandrayaan-3, em 23 de agosto de 2023. Outros países também retomaram essas conversas institucionalmente, como Japão, China, Rússia, além de Europa e Estados Unidos.

Por outro lado, pela primeira vez na história, empresas privadas vão liderar o envio de pessoas ao espaço quando comparadas às agências governamentais. Já temos estações espaciais comerciais em desenvolvimento para astronautas do setor privado poderem explorar e a própria NASA usando foguetes comerciais de Musk para levar seus astronautas ao espaço. Além disso, em 2022, só as *startups* espaciais levantaram mais de US$ 8 bilhões, com pelo menos 154 *deals* realizadas e mais de 400 investidores envolvidos em negociações com empreendedores de mais de vinte países. Pode parecer pouco para outros mercados tradicionais, mas para nós, fãs de *space techs*, é uma conquista ver validada a ideia de associar empreendedorismo, capital de risco privado e viagens espaciais. Entre as empresas que mais receberam investimentos estão as que lançam foguetes ao espaço sideral, como SpaceX e Relativity Space. Para além dos foguetes, o interesse dos investidores recai em soluções de comunicações via satélite, suporte à vida, cadeias de suprimentos e energia.

Acredito que ter melhores negócios, rentáveis e sustentáveis na pauta de soluções mais verdes passa também pela melhor compreensão dos recursos que estão fora da Terra. Asteroides e a Lua, por exemplo, podem nos dar opções de encontrar minerais fundamentais para a nossa vida. Inclusive, há quem diga que a corrida pelo Hélio-3, só existente na Lua, já está acontecendo e poderá desencadear a produção de energia nuclear, a partir da fusão. Um grande salto científico que traga energia limpa em grande escala para a Terra.

++ Os Estados Unidos querem enviar astronautas à Lua nos próximos anos, com o objetivo a longo prazo de estabelecer uma base permanente por lá. Como parte do seu programa Artemis, os americanos pretendem instalar uma estação espacial chamada Lunar Gateway orbitando a Lua, para servir como polo de comunicação, laboratório científico e espaço de curta permanência, com previsão de lançamento em 2024. Uma série de missões preparatórias à Lua, com uso de robôs, terá início em 2023. As coisas estão esquentando nesse campo "cislunar"- conforme o espaço entre a Terra e a órbita da Lua é conhecido.

The Economist[27]

> O espaço sideral contém quantidades virtualmente ilimitadas de energia e matérias-primas, desde o combustível Hélio-3 na Lua – para reatores de fusão limpa – até metais pesados e gases voláteis de asteroides, que podem ser coletados para uso na Terra e no espaço.
>
> **Tim Chrisman[28]**

Uma coisa que me encanta é a pauta do cultivo de alimentos e o desenvolvimento de outras vidas essenciais, além das nossas, fora do planeta Terra. Não à toa esses dois temas estão seguidos no mesmo capítulo. O Advanced Plant Habitat é um galpão totalmente automatizado, instalado, em 2018, na Estação Espacial Internacional, para apoiar esses estudos. São centenas de câmeras e sensores que coletam dados para apoiar pesquisadores

---

[27] The World Ahead 2023; 20 itens de vocabulário vital que você precisa saber em 2023.

[28] Ex-CIA, analista espacial e cofundador da Foundation for the Future EM entrevista ao *Jerusalem Post*.

aqui na Terra, visando estudar diferentes cultivos. A proposta dos cientistas é entender como diferentes materiais orgânicos se comportam e se desenvolvem no espaço. Eles sabem, por exemplo, que alguns vegetais demoram mais tempo, algumas semanas a mais, para se desenvolver por lá do que aqui por causa da dinâmica dos fluidos e da microgravidade.

Essa é uma indústria milionária também para as *startups* espaciais. Uma das mais famosas é a Square Roots (empresa agrícola vertical), fundada em 2016 por Tobias Peggs e pelo irmão do Elon Musk, Kimbal Musk; a empresa investiga agricultura espacial e hábitats fora da Terra.

> Estou focado em trazer comida de verdade para todos (na Terra), mas a tecnologia agrícola que estamos construindo na Square Roots pode e será usada em Marte.
>
> **Kimbal Musk**[29]

Além dos alimentos e cultivos que conhecemos e podemos levar para uma órbita extraterrestre, esses laboratórios de pesquisa se cruzam com as inovações de *biotech* citadas no capítulo anterior, trabalhando e desenvolvendo novos materiais e/ou alimentos a partir de experimentos espaciais. O que poderia aportar novas soluções para serem usadas na Terra mesmo. O próprio mercado de saúde e as empresas farmacêuticas também começam a colocar em pauta as antes "lunáticas" soluções espaciais.

---

29 Presidente executivo da Square Roots e ocupante de assentos no conselho da SpaceX e da Tesla, em entrevista à *CNBC*. KOLODNY, Lora. Kimbal Musk's Square Roots is on a mission to feed the world — and eventually astronauts on Mars. CNBC, 12 nov. 2019. Disponível em: https://www.cnbc.com/2019/11/12/kimbal-musk-and-square-roots-hope-to-feed-the-world-and-someday-mars.html. Acesso em: maio 2023.

Coisas curiosas que acontecem em ambientes de microgravidade como o espaço: algumas células proliferam mais rapidamente e outras mudam de comportamento. É possível, por exemplo, acompanhar os estudos de perda muscular, diminuição da densidade óssea, e do processo de senescência celular em microgravidade, durante semanas, meses e possivelmente anos – mesmo assim, economizando tempo, já que elas envelhecem mais rapidamente no espaço – para comparação com o que se passa na Terra. A mesma lógica tem levado cientistas, como da Axiom Space, a levar células-tronco para o espaço e entender seu comportamento e como elas podem ser mais rapidamente trabalhadas para se tornarem órgãos do corpo humano, por exemplo.

Em 2023, a Varda Space Industries lançou a primeira fábrica orbital dedicada à produção farmacêutica no espaço. O projeto se concentra na avaliação da fabricação do medicamento para HIV. O que parece incrível, porém, traz uma discussão importante sobre política e legislação espacial. Somente um micropedaço de um *iceberg* que precisaremos endereçar no futuro próximo. Os Estados Unidos, via Administração Federal de Aviação (FAA, na sigla em inglês), autorizou a empresa a lançar em órbita sua fábrica, porém demorou algum tempo, e longas discussões após o lançamento do foguete para o espaço, para dar sinal verde para que os empreendedores pudessem trazer os recursos criados e desenvolvidos por lá, especialmente as amostras de droga.

A autorização saiu muito próximo à publicação deste livro, mas foi uma das pautas do mercado e mostrou os detalhes nada simples que precisarão ser discutidos. Com razão, organismos regulatórios se preocupam com que tipo de materiais estarão retornando em escala para Terra e as possíveis consequências disso.

CONSTELAÇÃO DE SATÉLITES

Em uma visão mais próxima do hoje e menos desafiadora, a qualidade e a diversidade de satélites e informações que teremos sobre a Terra, vista de fora, serão fundamentais para a agricultura de precisão e para o conhecimento mais concreto do clima, sua multiplicidade de fatores e evolução. De alguma forma, a exploração espacial vai destravar profundamente os dados de ESG, sobretudo, para melhorar o nosso monitoramento de florestas, águas, emissões de carbono etc. Por outro lado, vai quantificar de forma mais realista e concreta as informações sobre esse tema que também, em outro extremo, beiram o alarmismo de fim do mundo. Talvez nesse New Space, privado, tenhamos uma chance de conversar melhor sobre o clima; de sermos mais ponderados, combatendo *fake news* e o descaso ao mesmo tempo.

Por isso, os acordos internacionais sobre o espaço e as discussões sobre o público e privado das diferentes camadas de universo que nos cercam estão batendo na porta. Seja para os futuristas olhando os desdobramentos das inovações que estão sendo levadas para o espaço e, especialmente, por essa nova visão comercial e privada, seja no curto prazo, com a constelação de satélites que já nos rondam e serão cada vez mais fundamentais para comunicação, agricultura e logística (pelo menos). Todas soluções que estão ainda em uma distância bem próxima da Terra, em uma órbita que ainda não dominamos.

Minha versão criança, por exemplo, não estava assim tão errada em se preocupar com infinito, isso se entendermos o termo como essa imensidão que cobre o céu e as estrelas. Se os dinossauros foram extintos por um asteroide, não é engraçado que não levemos a sério, enquanto sociedade, esse risco do que pode estar por vir? O filme *Não olhe para cima*[30], da Netflix, que fez sucesso em 2021, apresenta dois cientistas que calcularam a chegada de um asteroide que poderia atingir a Terra e matar muita gente, mas ninguém acreditava neles; eram ridicularizados, até que a verdade explode, literalmente, na cara de todos. A obra era uma analogia com viés político sobre a pandemia e as discussões que ocorriam mundo afora. E, claro, as análises e críticas passaram mais em torno dessa pauta. Porém, existe uma verdade escancarada que continua a ser pouco discutida ou que não tem aderência no noticiário ou nos investimentos, a que de fato caem meteoritos (fragmentos de asteroides) todos os anos por aqui. Estima-se que sejam 10 mil por ano; a maioria na água, afinal, somos 70% água neste planetinha. Porém, investir em espaço também significa sobrevivência básica, já que um dia uma dessas "pedras" pode ser um pouco maior do que de costume.

Em 2018, a NASA, a FEMA (Agência Federal de Gestão de Emergências, em português) e outras agências espaciais se uniram para imaginar como seria uma colisão de asteroides, simulando as tomadas de decisões necessárias caso os telescópios encontrassem uma possível ameaça. Eles saíram de lá com uma lista de asteroides que precisavam ser acompanhados, aqueles maiores de 140 metros... Existe, inclusive, um *Escritório de Coordenação de Defesa Planetária* responsável por projetos que buscam asteroides próximos e comunicam governo, mídia e público sobre potenciais perigos. O desafio é ter recursos suficientes para fazer mais pesquisas. Pense, é algo raro e pouco popular ou monetizável...

---

30   https://www.youtube.com/watch?v=c1nToClX_3w.

Mas essa também é uma daquelas situações em que 1% de chance é bastante significativo e "estima-se" não é uma boa palavra.

Não estou fazendo alarde, até porque este é um bloco cheio de boas notícias sobre inovações e expectativas transformadoras. Mas acho que é sempre bom olhar o tanto que ainda romantizamos ou não levamos a sério essa pauta renegada, por muito tempo, a apenas os filmes de ficção científica.

BOAS NOTÍCIAS

Se você chegou até aqui e não conseguiu se convencer do volume de boas notícias que temos a caminho da humanidade, faço uma pausa para lançar mão de uma estratégia de uma das pessoas que conheci com mais paixão e positividade em torno do futuro: Peter Diamandis. Conhecido pelo XPrize e pelos investimentos no mercado espacial – e também por um discurso tão positivo sobre o mundo que quase parece romântico à primeira vista –, Peter me deu aula na Singularity University, escola da qual foi cofundador. Ele tem uma estratégia muito interessante quando vai falar sobre *Organizações Exponenciais*[31], que é, inclusive, um livro que recomendo: olhe para o passado para ser grato para com o futuro. Ele sempre brinca de olhar para os últimos cem anos e ver o que estava sendo descoberto e desenvolvido no mundo nessa mesma data, há um século.

---

[31] Conceito criado por Peter Diamandis em parceria com Salim Ismail, Michael Malone e Yuri Van Geest, na Singularity University, segundo o qual as organizações exponenciais são aquelas dez vezes melhores, mais rápidas e mais baratas que as convencionais. Leia mais em: https://blog.singularityubrazil.com/blog/organizacoes-exponenciais/. Acesso em: 20 maio 2023.

Vejamos... Em 1922, início do século passado, estávamos vendo chegar, pela primeira vez, as seguintes dez incríveis inovações:

_carro conversível
_liquidificador elétrico
_esquis aquáticos
_método de congelamento rápido de alimentos
_televisão elétrica
_aspirador de pó
_curativo adesivo
_audímetro
_insulina
_filme 3D comercial

Deveria ser uma piada, divertida por si só, dizer que poderíamos tentar enumerar dez inovações que surgiram mais ou menos naquele ano. (Inclusive, como jornalista internacional, vale aqui a menção honrosa à BBC, que nascia em Londres naquele momento e mudaria o mundo do jornalismo e, inclusive, o mundo geopolítico com a suas participações nas Guerras Mundiais.)

Pense hoje: mesmo que você seja um grande fã do seu liquidificador ou do aspirador de pó atual, em cada nova promoção anual, navegamos um mercado de inovações em eletrônicos e eletrodomésticos com funções e habilidades que seriam praticamente impossíveis de enumerar, sempre se atualizando.

Não seria uma tarefa fácil fazer uma lista dessa em 2022 até mesmo considerando inovações complexas. A revista Time pode te ajudar com as suas duzentas melhores[32], entre elas os

---

[32] THE BEST inventions of 2022. Time. Disponível em: https://time.com/best-inventions-2022/. Acesso em: ago. 2024.

mais sofisticados aparelhos de melhora da qualidade de escuta, inteligências artificiais, carro que muda de cor, carnes feitas em laboratório a partir de proteínas de favas, tecnologia de remoção de carbono da atmosfera e até um minirreator nuclear. Vale mencionar também as vacinas modernizadas com o uso de edição de DNA. Não é maravilhoso pensar a velocidade com que estamos criando inovações complexas que podem melhorar a vida?

Termino nesse tom Diamandis para embarcar na pauta a seguir, que também não é nada romântica e que às vezes pede um colo de mãe.

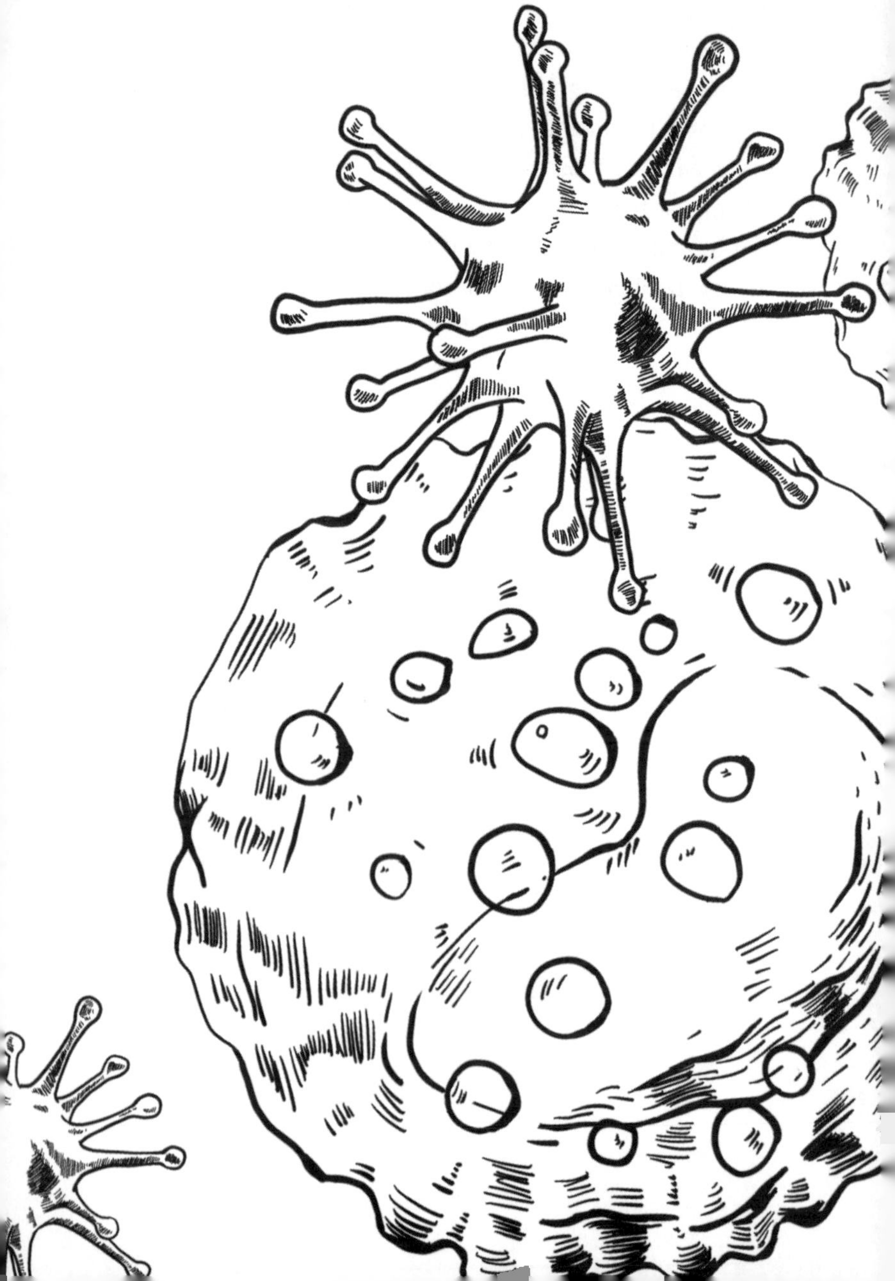

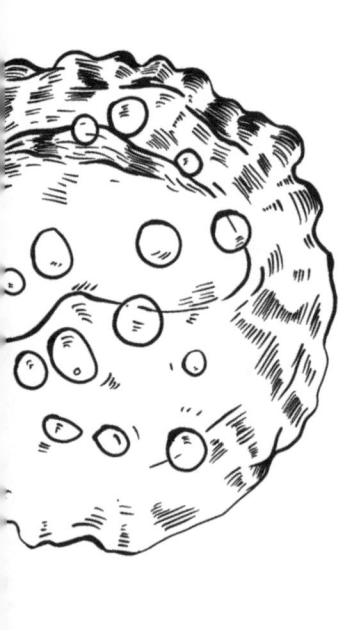

*CAPÍTULO 5

*E QUE MUNDO SERÁ ESSE?

Se me permite a intimidade, nunca me senti tão exposta quanto nesse processo de produção independente. Acho até irônico falar de privacidade enquanto, neste momento, estou sendo revirada do avesso, acompanhada por vários médicos que querem saber tudo da minha vida, meus hábitos, e não se cansam de fazer exames – especialmente os que me colocam de pernas para cima e abertas. Já fiz diversos exames e até cirurgias, já que acabei de tirar os pólipos do útero – pela segunda vez, eles tendem a aparecer com o uso de tantos hormônios – para melhor receber esse embrião. Brinco com minha mãe que a sensação que eu tenho é que quando se fala em gravidez e banco de sêmen, automaticamente se fala em exposição de vagina, útero, ovários para diversas pessoas... E as mães mais experientes me avisam que esse é só o começo.

Pois bem, espero que não seja dessa privacidade exposta que eu tenha que tratar no futuro do meu pequeno. Outro ponto pessoal deste tema é o anonimato do doador de sêmen (se é que ter o mapeamento genético de alguém ainda me permite chamá-lo de anônimo), sem nome, data de nascimento (para a tristeza da minha astróloga) e números de contato. O fato é que privacidade total, anonimato total é coisa do passado. É quase impossível não estar sendo acompanhado ou *trackeado* o tempo todo por robôs ou, ao menos, por algoritmos de vendas. Se você, alguém na sua casa, seu carro ou qualquer aparelho doméstico está conectado à rede mundial de computadores (o jeito *old school* de chamar a internet) ou, pelo menos, conectado a um outro aparelho, declaro: sua privacidade está exposta.

E os exemplos podem ser mais simples do que imaginamos, não precisamos de casas inteligentes ou supercelulares. Há quem durma, por exemplo, com aparelhos como os CPAPs para monitorar e melhorar a umidade e o fluxo de ar ou a profundidade do sono. Esses aparelhos rastreiam o seu sono dia após dia – se bobear, a sua localização também –, e essa informação vai, consequentemente, para uma central que também armazena os dados. Não há como esconder nem a hora que você dormiu e acordou nesses casos. Em prol da nossa qualidade de vida, para a nossa comodidade e visando a diversos outros benefícios, trocamos os nossos dados de consumo, hábitos de vida e estilo de vida. Pouco a pouco temos escalado essa exposição.

Mães de plantão hoje debatem se é correto ou não postar no Instagram fotos dos filhos pequenos de outras mães que estão brincando felizes com os seus e que saíram em uma foto feliz no parque. O quanto expor as crianças no TikTok é seguro. O governador da Flórida, nos Estados Unidos, o republicano Ron DeSantis, acaba de sancionar (literalmente escuto a notícia, revisando estas páginas) uma restrição ao uso de redes sociais, que só será liberado para adolescentes acima de 14 anos. Será que ajuda em algo?

Temos um caldeirão de pontos de contato com a tecnologia e a exposição da privacidade para considerarmos. Podemos olhar do ponto de vista da segurança, do ponto de vista dos direitos humanos, podemos discutir do ponto de vista das novas visões do que é intimidade e, para filosofar um pouco mais, podemos até dizer que estamos caminhando para uma vida difícil ou até do fim da mentira social – aquela que é denunciada por uma amiga ou parente que publica uma foto de você em algum lugar no qual disse que não iria estar, por exemplo.

Aqui, vou escolher falar de segurança e dignidade.

Precisamos falar de direito à privacidade, da nossa capacidade de determinar como e com qual finalidade nossas informações pessoais são tratadas por terceiros. Compreender os limites e proteger nossos dados passa por ter dignidade, ter segurança e desenvolver livremente a nossa própria personalidade. Essa é uma pauta do direito moderno e que chega a governos e legisladores nem sempre preparados para compreender a complexidade dessa rede de informações e dados privados e o mercado em torno desse mundo. Já existem movimentos que discutem essa transparência e controle por parte dos indivíduos sobre o uso dos próprios dados.

O mundo da saúde, por exemplo, vive, neste momento, a corrida do ouro das grandes plataformas de tecnologia como Apple, Google e Amazon – que estão aí acompanhando literalmente seus passos, seu batimento cardíaco, suas atividades físicas, ciclo menstrual, vacinas e até exames de sangue. Pelas últimas pesquisas que fiz para *trendbooks* de saúde, os movimentos eram, inclusive, complementares. A Apple parece estar focada no desenvolvimento de soluções para personalizar ao máximo os acompanhamentos de saúde e bem-estar por meio do uso dos seus dados. A Amazon quer vender e entregar produtos de prevenção e tratamento, para além dos medicamentos tradicionais. A Google, por fim, vem comprando e investindo em diversas *startups* de pesquisa e desenvolvimento de drogas, terapia genética, DNA, reprodução e toda a cadeia de suprimentos... Tudo isso, pode apostar, se conecta ao quanto de dados eles acompanham de todos nós.

Entretanto, há cada vez mais o desejo, por parte dos consumidores, de levantar o que eu chamo de "*Big Data* de nós mesmos". Queremos saber mais padrões, códigos genéticos e funcionamento do nosso corpo. E, para isso, estamos gerando mais informação sobre nossa intimidade e privacidade. E de quem são esses dados se eu resolver não os divulgar mais; se eu quiser (e decidir) deixar de existir no mundo digital? Já existem *startups* buscando serviços para te dar o direito de sumir e não ter mais seus históricos em lugar algum. Ou, ainda, o seu direito de morrer e ter suas informações, seus dados e perfis sociais, por exemplo, apagados ou encaminhados da forma como você escolher em vida.

++ Funerais digitais, ou seja, *startups* especializadas em apagar todos os dados *on-line* de uma pessoa, depois da morte. Popular no Reino Unido e na Coreia do Sul, de acordo com a revista Época Negócios, as empresas de *cyber funeral* têm crescido muito nos últimos anos. A reportagem destaca que a empresa coreana Santa Cruise – fundada em 2008 por Kim Ho-Jin como uma agência de talentos – mudou radicalmente o foco para atender à demanda, sobretudo de familiares do falecido que se preocupam com a extensão do conteúdo publicado. A Digital Ox, fundada na Inglaterra por Aaron Young, é outro exemplo de *startup* especializada em *cyber funeral*. De acordo com o empreendedor, o trabalho não serve apenas para preservar a reputação dos falecidos, como auxilia a família a superar a perda sem se preocupar com a destinação do conteúdo *on-line* deixado pelo familiar. Na prática, há o risco de *hackers* invadirem as contas, assumirem a identidade do falecido e extorquir dinheiro de contatos e parentes.

Creio que vale um papo sobre o que é feito disso tudo e como essas informações serão tratadas no nosso futuro. Espero que tenhamos mais responsabilidade nessa pauta quando chegar o momento de explicar tudo isso ao meu pacotinho.

CIBERSEGURANÇA

Juro que essa introdução de capítulo não tinha o intuito de assustar ninguém. É que não há como falar desse tema sério, e ainda de forma transparente, sem dizer por que ele é importante. Ainda sem resposta sobre essa introdução, queria abordar uma outra vertente, de um mercado bem aquecido, que também trata de privacidade e responsabilidade: o de cibersegurança.

Os *nerds* de antigamente – ou os *devs* de hoje – são os nossos segurançns do futuro. Não há como negar que, em um mundo onde tudo é digitalizado, até mesmo as nossas fazendas produtoras de alimentos ou a portaria do seu prédio, o papel dos programadores tenha sido alçado ao de guardiões da Terra. Os códigos que boa parte deles produzem e a gestão de dados a partir deles são de alta importância e primordiais para a nossa segurança. E quem me fez perder o sono sobre essa pauta foi um querido professor para quem ainda tenho a oportunidade de ligar e entrevistar quando o tema fica sério: Dudu Mimran.

Pense em um homem muito alto, muito doce, apaixonado pelos filhos, falando inglês com sotaque israelense, cheio de piadocas engraçadas. Esse é o Dudu, que conheci em um verão na Hebrew University. Sabe aquelas aulas que você pede para não acabar, ou aquelas séries policiais que você precisa continuar assistindo ao próximo episódio? Assim é a convivência com Dudu, especialista em segurança cibernética e CTO do CBG, Laboratório de Segurança Cibernética da Ben-Gurion University.

> ++ Computadores quânticos exploram estranhezas do reino subatômico para fazer coisas que os computadores comuns não conseguem. Isso inclui decifrar códigos: um computador quântico funcional, se fosse possível construí-lo, seria capaz de romper a criptografia que é atualmente usada para dar segurança a comunicações e proteger dados sensíveis. Para proteção contra essa possibilidade, novos padrões de criptografia "pós-quântica", projetados para serem invioláveis mesmo por computadores quânticos, foram aprovados em 2022, e preparativos para a sua implementação começarão seriamente em 2023
> **The Economist** [33]

Lembro de ficar sem dormir, pensando que, em uma guerra, seria possível *hackear* sensores de ar-condicionado de um laboratório produzindo urânio do outro lado do mundo para sabotar a temperatura e, consequentemente, a produção de armamentos

---

[33] The World Ahead 2023; 20 itens de vocabulário vital que você precisa saber em 2023.

nucleares. Desculpe ser simplista para explicar, mas essa foi, basicamente, a discussão da "*worm*" Stuxnet – um "vírus" conhecido desse universo que foi descoberto em 2010, e quase desencadeou uma guerra fria cibernética. Quer entender melhor? Recomendo apenas para certas audiências menos sensíveis o documentário Zero Days, que traz "a história completa do Stuxnet, um *malware* de computador autorreplicante (conhecido como '*worm*' por sua capacidade de passar de um computador para outro por conta própria) que os Estados Unidos e Israel lançaram para destruir uma parte fundamental de uma instalação nuclear iraniana e que acabou se espalhando além do alvo pretendido". Ninguém nega ou confirma se foi verdade.

Basicamente, Dudu trazia com muita leveza essa pauta complexa de que tudo que saiu do analógico e vai para o digital passa a ser mais eficiente, moderno, mas também vulnerável. Por isso, não à toa, ele nos levou para conhecer o polo mundial de *cybertech*, Beer-Sheva, capital do sul de Israel – o nascedouro das *startups* de segurança cibernética mais relevantes no mundo. Uma cidade de empreendedores e investidores dedicados a essa pauta.

Uma das coisas que vi Dudu repetir muitas vezes em conversas e entrevistas é a sua visão sobre o desafio da privacidade no sentido de proteger empresas e governos de mentes mal-intencionadas. Mudando o ângulo completamente da visão de direito à

> **✳ Malware**
> *Malware* é um termo amplo que classifica todo tipo de *software* malicioso usado para causar prejuízo – que pode ser até financeiro –, danificar sistemas, interceptar dados ou simplesmente irritar o usuário, afetando tanto computadores como celulares e até redes inteiras.
> Fonte: TechTudo.

privacidade dos indivíduos e dados pessoais. Segundo ele, não saber quem está do outro lado da tela, uma pessoa ou um robô, é também o maior desafio para transações oficiais e digitais. A falta de uma identidade confiável é a raiz dos males em termos de segurança cibernética em muitos cenários.

Imagine todas as etapas de verificação que o seu banco solicita para garantir que é você quem está, naquele momento, solicitando uma transferência para determinada conta – um exemplo prático do nosso cotidiano que requer identidade confiável. E isso escala para todas as grandes empresas, transações relevantes e, claro, sofreu uma nova revolução com a ida força de muitas ao trabalho remoto, que nos deixou trabalhando em sistemas menos protegidos, de casa, do que em internet protegidas de bancos ou grandes empresas, por exemplo.

De ponta a ponta de todas as transações que faremos usando identidade e tratando de privacidade, teremos que contar com inovações e "seguranças digitais". Da interface inicial do seu *login* às nuvens que armazenam o funcionamento da vida dos seres humanos no planeta Terra. Estamos falando de áreas como segurança de redes, verificações de identidade e acessos, segurança de s*oftware*, segurança *mobile*, gestão de risco, segurança Internet das Coisas e trocas máquina-máquina, seguranças de *hardware* e robótica, inteligências artificiais para detectar perigos em tempo real, até na formação e conscientização de usuários.

Confesso ser um mundo que temo entender um pouco mais. Mas aqui, sim, mesmo a mais propositiva das pessoas há de concordar que necessitamos entender melhor. Esse é, além de tudo, um dos mercados mais promissores para o futuro para quem olha *startups* e investimentos. Todos nós, direta ou indiretamente, usamos serviços desenvolvidos por profissionais dessa área. E, cada vez mais, empresas de base *tech* investem em ambientes de inovação e pesquisa para atuar no setor. E, para mim, boa parte das discussões que temos sobre *fakenews*, manipulação de informações, ou até o uso correto das redes sociais, passa por entender a lógica por trás dos sistemas de cibersegurança e o que é e não é possível proteger.

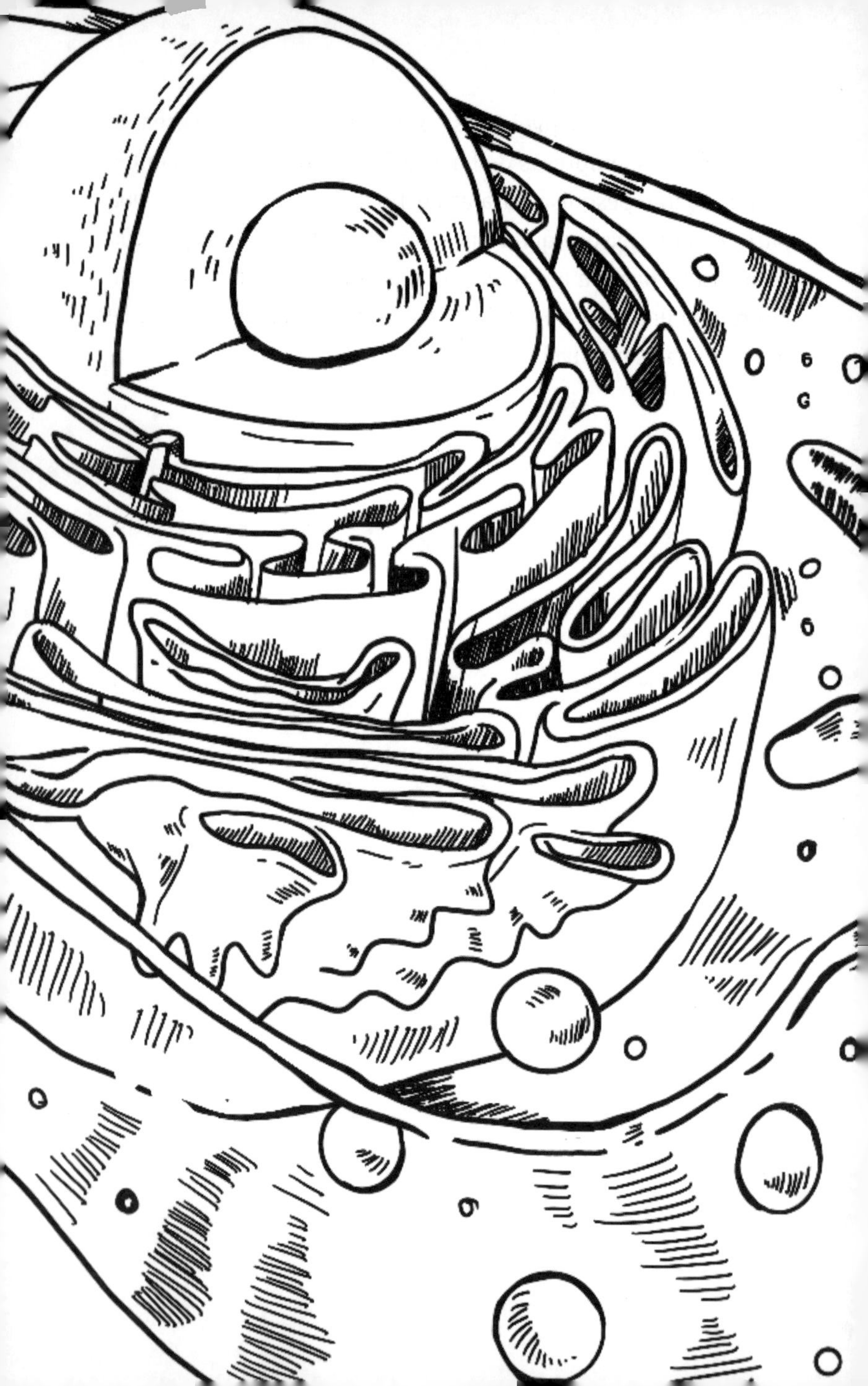

*CAPÍTULO 6

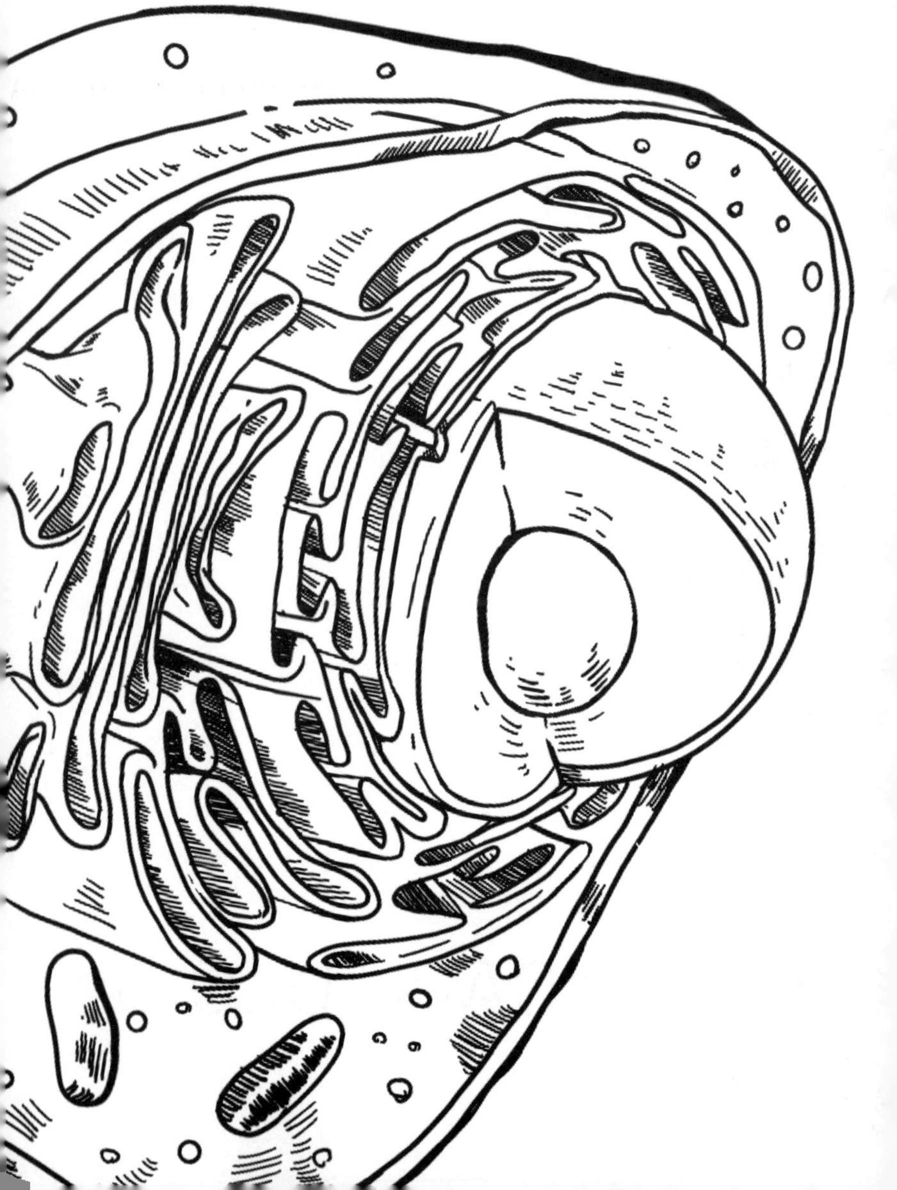

*E COMO VIVER PARA SEMPRE?

Estou embarcando em um processo de gravidez aos 40 anos. Há poucas décadas, isso seria dizer que estaria tendo um filho prestes a morrer. Mais recentemente, estaria falando de uma gravidez de risco e improvável. Claro, essa já é uma realidade muito mais comum do que se imagina. Olhe em volta e veja o número de mulheres tendo filhos mais tarde, gastando mais tempo se dedicando a suas carreiras e sonhos individuais, a contragosto dos ginecologistas, que, com razão, ainda demandam pensar nesse assunto mais cedo na vida, com óvulos e corpos mais jovens, para diminuir os riscos futuros.

Não à toa, assolada por essa preocupação, congelei meus óvulos aos 35 anos, de olho na qualidade e juventude deles. O doador também é superjovem: dez anos a menos do que eu – uma escolha que também visou garantir essa força jovem na qualidade do esperma. Porém, entendo que vamos explorar cada vez mais os limites de idade para ter filhos gestados na própria barriga. Já estamos passando dos 50 anos de casos viáveis. Mas, claro, a barriga não será a última fronteira para se gestar um bebê...

Úteros artificiais, que já podem gestar animais, estão aí virando a esquina da inovação, e outras soluções – também controversas para muitos – têm ganhado força, como as discussões de barriga de aluguel e, até mesmo, as definições de paternidade. O Reino Unido, por meio dos seus reguladores, está buscando tornar mais simples o processo de barriga de aluguel comercial (em que as mulheres recebem pela gravidez). Lá e em muitos outros países, essa prática ainda é tecnicamente ilegal, apesar de ser usada em uma zona cinzenta em muitos casos. O que muda é, por exemplo, discussão sobre permitir a barriga de aluguel para embriões sem ligação genética com os futuros pais. O que sairia do cenário de reprodução assistida e levaria essa conversa para o mundo da adoção, por exemplo. Porém, o bebê já estaria sob a tutela e os direitos parentais dentro da barriga de aluguel... Confuso, né?

Mas, especialmente sobre essa pauta de vida, a linha mestra da nossa conversa em todo o livro, toda inovação e tecnologia traz também discussões sobre paternidade, liberdade reprodutiva, genética, direitos e responsabilidades. Não é um tema *light*.

Gravidez à parte, estou bem preparada para o meu pacotinho viver como japoneses, cultura na qual o tradicional núcleo familiar vai além de cachorro, irmãos, pais e avós. Ele inclui, nos desenhos infantis feitos para escola – como vi com os próprios olhos nos estudos *Tsunami Prateado*, em viagem ao Japão –, uma família composta de bisavôs e, quem sabe, tataravós (vamos ter que melhorar esse nome até lá!). Inclusive, tive outra crise de desejo de ser mãe quando vi, mais uma vez, um monte de pacotinhos caminhando no zoológico que visitamos em Tóquio. Eles, ainda mais ousados, usavam os casacos-colchão combinados com botinhas, bonés e mochilas todas iguais. Imagem irresistível para uma canceriana.

O fenômeno da expectativa de vida crescente não deve ser novidade para muitas pessoas, mas o que parece ainda ser são as consequências dos nossos modelos de vida, modelos econômicos e sociais. Há pouco mais de 150 anos, a expectativa de vida de homens e mulheres em países "ricos" – como Estados Unidos, Japão e países da Europa – estava, em geral, em torno dos 40 anos. Hoje, nos mesmos países, os números dobraram. As mulheres continuam vivendo mais, em torno de 87 anos.

No mundo, desde 2019, já temos mais pessoas acima de 65 anos do que crianças de até 5 anos, segundo dados da *World Population Ageing 2019 Revisions*. Dados específicos da ONU dizem que o globo atingiu o patamar de 705 milhões de pessoas com mais de 65 anos contra 680 milhões entre 0 e 4 anos. São mais avós do que netos andando por aí – e isso há algum tempo.

Durante muitos anos, a América Latina, por exemplo, era considerada uma região de jovens, embora hoje seja a que envelhece mais rápido sem se dar conta. A Revolução da Longevidade chegou como um tsunami. Em 2022, a população com mais de 60 anos representava 15,6% dos cidadãos brasileiros, aproximadamente 32 milhões de pessoas. No Brasil, em 2010, estávamos em 10,8% para os 60+, segundo o Instituto Brasileiro de Geografia e Estatística (IBGE). Um aumento de 56% em pouco mais de dez anos. Ainda não tivemos supersaltos (dobro) novamente como tivemos no século passado, os supercentenários ainda são poucos, especialmente os que viveram mais de 115 anos... Porém, sinto que podemos estar mais próximos de novos saltos nessa estatística do que muita gente imagina.

Inclusive, se há uma profissão que deveria constar nas listas citadas no capítulo sobre trabalho é a de cuidador. No geral, cuidador para todas as idades, capacidades de saúde e formatos são uma demanda crescente no mundo. Com o envelhecimento da população, vamos cada vez mais precisar de cuidadores especializados. É a mesma lógica de que vamos precisar mais de fraldas de adultos do que de fraldas de bebê olhando para o futuro. Sim, é desafiador pensar assim, mas essa já é uma realidade em alguns mercados já há algumas décadas, como é o caso do Japão, que já consome mais o produto na versão adulta do que na infantil desde 2014 (e pensar que eu ainda nem comecei a gastar dinheiro com fraldas de bebês). Programadores e cuidadores: a grande demanda – quem diria! Mas voltemos ao foco das tecnologias...

++ Em Cingapura, o Changi General Hospital, um dos mais *high tech* do mundo, tem mais de cinquenta robôs no quadro de funcionários. De procedimentos médicos de alta complexidade como cirurgias à limpeza (*delivery* de roupa de cama e refeições), passando pelos que ajudam na reabilitação de pacientes, o hospital usa os robôs para melhorar a experiência dos pacientes – os idosos têm adorado os brinquedos em tamanho real – e aperfeiçoar processos hospitalares. Na prática, eles reduzem a carga exaustiva de trabalho dos cuidadores humanos e resolvem o apagão de mão de obra. No amanhã, os profissionais robôs poderão endereçar o desafio da falta de mão de obra especializada. De acordo com a Organização Mundial da Saúde (OMS), até 2030 haverá uma escassez de 18 milhões de profissionais da saúde no mundo.

Poderia gastar horas só contando as surpresas e as noites sem dormir pensando nas soluções de *healthtech* que povoam a minha *timeline* e as pesquisas de tendências que fazemos por aí. Não tenho a menor dúvida de que viveremos muito mais do que esperamos só por causa da possibilidade de trocar peças com "defeito" em nós mesmos, e pelo avanço de informações sobre a nossa genética, alimentação e a neurociência.

Você pode até não apostar dinheiro nas previsões do Ray Kurzweil, famoso pesquisador de Inteligência Artificial, futurista do Google e um dos meus professores – hoje, bem mais envelhecido do que o previsto por ele mesmo. Eu mesma não apostaria em várias de suas previsões, que são bem radicais, inclusive a da Singularidade (recomendo aos mais curiosos a buscarem os livros de Kurzweil e suas teorias para se aprofundar). Fica difícil, no entanto, negar o conceito das tecnologias exponenciais e a revolução que estão trazendo para a área da saúde. Quase que diariamente podemos publicar notícias sobre inovações, com saltos significativos para a nossa qualidade de vida, que são testadas e apresentadas em revistas científicas ou mesmo no mercado

> Se você viver até 2029, um ano adicional, todo ano, será acrescentado à sua expectativa de vida. Com isso não estou me referindo à expectativa de vida baseada na sua data de nascimento, e sim à expectativa da sua vida restante.
>
> **Ray Kurzweil**[34]

Ao escrever estas páginas, assisto pela terceira vez a um vídeo simples que circula pela internet (busque!) de **um *spermbot***

---

[34] Principal futurista do Google e cofundador da Singularity University.

ajudando um espermatozoide a fecundar um óvulo, pela lente de um microscópio. Esse é um nanorobô formado por uma hélice de metal grande o suficiente para envolver o espermatozoide, que usa um campo magnético giratório para se prender à cauda do gameta masculino e "conduzi-lo" a um óvulo para fertilização potencial. Até o momento, ainda em fase de pesquisa, mesmo o vídeo sendo datado de 2016, ele faz parte de um estudo realizado por pesquisadores do Instituto Alemão de Nanociências Integrativas, publicado em um periódico científico, o Nano Letters. Esses apontamentos trazem uma pincelada do que podem fazer para nos ajudar os pequeninos robôs não muito conhecidos pela maioria das pessoas.

✳ Nanorobôs

Nanorobôs são dispositivos que variam no tamanho de 0.1 a 10 micrômetros; são construídos à escala nanométrica, ou de componentes moleculares. Vivemos atualmente uma corrida tecnológica devido ao rápido desenvolvimento de nanorobôs aplicados à medicina, com o objetivo de detectar bactérias, por exemplo. Tal fato pode ser facilmente constatado dado o grande volume de patentes registradas por escritórios de advocacia nos Estados Unidos e na Europa (USPTO, EP, WIPO), que focam a manufatura e a comercialização dessa tecnologia emergente. E como os nanorobôs podem influenciar nosso futuro?! Apesar de serem usados majoritariamente em pesquisas de medicina e de ciências da vida em geral, os nanorobôs podem ser úteis para vários segmentos de mercado. São exemplos: a nanomedicina, a descontaminação de ambientes, a criação de materiais mais versáteis, a criação de máquinas mais sofisticadas, entre outras aplicações.

Fonte: Institute of Electrical and Electronic Engineers (IEEE).

Há uma revolução de nanorobôs a caminho, apesar de os robôs humanoides, que copiam nossas feições, fazerem mais sucesso. Sou contra cravar datas futuras, mas há quem diga que até 2030 teremos correndo em nossas veias esses seres, que serão capazes de nos ajudar com desafios como diabetes tipo 1, tratamentos de câncer e outras coisinhas mais.

A Sociedade Brasileira de Nanomedicina fala de nanorobôs destinados a penetrar no corpo humano para combater infecções; desobstruir artérias; liberar medicamentos exatamente onde são necessários (drogas e fármacos trabalhando no nível das células); intervir nos neurônios; destruir células cancerígenas; alterar o código genético para impedir doenças; entre outras pesquisas.

Em 2022, pesquisadores norte-americanos da Universidade da Califórnia, em San Diego, afirmaram, pela primeira vez no mundo terem conseguido fazer esses pequenos *bots* circularem em um organismo vivo com sucesso, levando medicamentos a locais do corpo específicos, sem efeitos prejudiciais. Usando *nanobots* movidos a micromotores impulsionados por bolhas de gás feitas a partir de uma reação com o conteúdo do estômago em que foram depositados, essas máquinas em miniatura foram implantadas com sucesso no corpo de um rato vivo.

Olhando isso tudo se desenrolar, sem precisar ler as páginas a seguir de sobressaltos ainda mais ousados, não há como não apontar que a preocupação concreta para a adolescência e vida adulta do meu filho passa por impactos na força de trabalho com extensão da vida e a queda da natalidade, compreendendo como os países vão, em breve, fechar essa conta. O Japão hoje já sofre esse problema. E, claro, como vou financiar a minha aposentadoria, viver mais significa gastar por mais tempo. Uma nova visão sobre a aposentadoria será necessária. Aqui, pela segunda vez, há uma bela ponte com o capítulo sobre trabalho e renda mínima universal.

REVERTENDO O ENVELHECIMENTO

E já que falamos no Ray Kurzweil, umas das conversas mais quentes, que tive o prazer em acompanhar de perto em um evento surreal em San Diego, é na temática das apostas nas mitocôndrias e no aumento dos telômeros. A BBC explica bem esse verbete: do grego "parte final", os telômeros são as extremidades dos cromossomos; eles são partes do DNA cuja função principal é proteger o material genético que o cromossomo transporta. Quando as células se dividem para o processo de multiplicação – e para regenerar os tecidos e órgãos do nosso corpo –, a longitude dos telômeros vai se reduzindo e, com o passar do tempo, eles vão ficando mais curtos. Quando ficam bem pequenos – e não são mais capazes de proteger o DNA –, as células param de se reproduzir e chegam ao estado de "velhice". Por isso, a longitude dos telômeros é considerada um "biomarcador de envelhecimento chave" no nível molecular, embora não seja o único.

Por isso, há uma corrida para entender esse fenômeno e garantir mais longevidade e tamanho para esses telômeros, como se eles fossem a chave para não envelhecer. Tudo que possa garantir a boa vida dos seus telômeros ficam hypados no mundo dos que querem viver para sempre. Para quem ficou curioso, a conferência é a RAADfest organizada pela Coalition for Radical Life Extension[35].

---

35 https://www.rlecoalition.com/raadfest

Às vezes esse mundo me soa como uma seita. Mas não há como fugir de evidências científicas como a conquista, em 2022, de óvulos mais jovens. (Meu Deus, como um livro sobre futurismo fala tanto de óvulo e sêmen, né? Acho que estou me preparando para explicar isso mais cedo que a maioria das mães precisaria para os filhos.) Cientistas da Hebrew University – a mesma em que tive o prazer de estar por três meses – conseguiram <mark>reverter os óvulos de uma mulher de 40 anos</mark> em óvulos com a mesma qualidade de uma mulher de 20 anos.

✳ Lifespan

A origem do mercado de Lifespan é o trabalho do psicólogo alemão Paul B. Baltes (1939-2006), que deu uma grande contribuição à Psicologia do Envelhecimento e à Psicologia do Desenvolvimento, principalmente, já que o estudo científico a respeito do envelhecimento pela Psicologia é bem recente. Antes, a Psicologia definia a velhice como anos de declínio, ao menos era assim que se pensava nos sessenta primeiros anos do século XX: a Psicologia do desenvolvimento era apenas orientada à vida adulta, ou seja, à produtividade e à autonomia física e cognitiva. Tal pensamento ainda é muito comum nos muitos currículos de cursos de Psicologia do país afora. Baltes criou o paradigma do desenvolvimento ao longo de toda a vida, mais conhecido teoricamente como Lifespan, ou ciclo vital. Ou seja, o desenvolvimento como um processo contínuo, multidimensional e multidirecional de mudanças organizadas por influências genético-biológicas e socioculturais de natureza normativa e não normativa, marcado por ganhos e perdas concorrentes e por interatividade indivíduo-
-cultura e entre os níveis e tempos das influências.

Fonte: Portal do Envelhecimento.

Já o biólogo molecular, professor da Escola de Medicina de Harvard e grande celebridade do tema, Dr. David Sinclair, conta suas conquistas usando células-tronco para resetar as células de um corpo de um rato para se tornarem uma versão mais jovem deles mesmos. É o rato Benjamin Button, pura ficção científica ganhando vida. Sinclair é o autor do livro muito conhecido e debatido do mercado *Lifespan* e um dos que usam vários complexos vitamínicos e medicamentos para ajudar a garantir uma idade biológica ou idade do seu DNA – sim, você também já pode fazer em casa testes para saber se a sua idade cronológica é maior ou menor que a sua biológica.

De verdade, viver muuuito mais não é algo que me fascine tanto assim. Mas garantir qualidade de vida em todas as idades é incrível. Como na corrida espacial, nesse caso, vejo com mais interesse aqui a jornada do que o ponto de chegada. Ir até Marte será incrível, mas o que desenvolveremos até chegar lá é o que mudará o mundo. Isso vale para a extensão extrema da vida. Os números nas carteiras de identidade não me interessam tanto, estou de olho na transformação da humanidade que virá em consequência das inovações tecnológicas que destravaram essa possibilidade.

> ++ Uma passagem curiosa que vi na leitura literária da Bíblia, de um tempo que se vivia três, quatro décadas, e guardei para compartilhar.
> Antigo testamento... pelo menos mais de 3 mil anos atrás:
> "Então disse o Senhor: Não contenderá o meu Espírito para sempre com o homem; porque ele também é carne; porém os seus dias serão cento e vinte anos." (**Gênesis 6:3 - Bíblia)**

E, para os mais céticos em tecnologia, há muito dinheiro sendo apostado no setor. Não consigo pensar em nenhuma *big tech* conhecida ou nenhum dos principais astros do mundo da tecnologia que não tenha um fundo de investimento, um laboratório ou muito dinheiro em jogo para investir e desenvolver soluções para a extensão da vida. No Vale do Silício, os bilionários Jeff Bezos (dono da Amazon), Peter Thiel (cofundador do PayPal) e Larry Page (cofundador do Google) investem milhões de dólares para descobrir a cura da velhice. E dá para somar a esse movimento o mercado de *agetechs* – *startups* voltadas para soluções para maduros –, que vem crescendo muito.

Ah, e não faltam gurus de redes sociais que estão testando todas e mais algumas das soluções que surgem na medicina, bem como um universo de seguidores que acompanham essas pessoas-ratos de laboratório voluntários, se experimentarem na praça pública digital. Bryan Johnson, um milionário de 45 anos, num corpinho que chega a ter partes de 18 anos de idade, como ele diz, é talvez o maior "influenciador da longevidade". Entre seus protocolos (que variam de acordo com os aprendizados) estão mais de cem comprimidos por dia, se alimentar apenas no período da manhã com uma dieta bem rigorosa, receber transfusões de sangue, monitorar todo o corpo – inclusive com anel peniano – e contar com mais de trinta médicos que o acompanham.Não sabemos se Bryan viverá o que espera, mas definitivamente está colocando sua saúde à prova.

Essa movimentação de diversas variáveis está nos fazendo, gradualmente, amadurecer como um todo, como população, como consumidores, como empreendedores e usuários de tecnologia.

CIBORGUES

Nossa fusão com a tecnologia não é novidade, as versões homem parcialmente máquina já caminham aos montes em nossa sociedade. Minha querida avó Eunice – e futura bisavó do meu filho –, aos 92 anos, se diverte ao saber que ela foi a primeira ciborgue que conheci. Em sua terceira troca de marcapasso, ela caminha por aí, sobrevivendo com o apoio de um pequeno robô. Perdoe o meu eufemismo, mas a definição de ciborgue vem de um organismo dotado de partes orgânicas e cibernéticas. O que poderia ser aplicado a vários contextos já corriqueiros da medicina. Porém, não vou decepcionar o meu filho quando disser a ele que conheci de perto um ciborgue da nova geração.

Eu tive a oportunidade de acompanhar um experimento ciborgue: passei algumas horas com Neil Harbisson, o primeiro homem do mundo a ter ciborgue registrado em seu passaporte. O artista nasceu com acromatopsia, ou daltonismo extremo, só enxerga em preto e branco. Porém, com o avanço tecnológico, Harbisson recebeu um implante na cabeça, um olho eletrônico que o ajuda a processar as cores percebidas pelos olhos como sons na escala musical – sua história está em uma TED Talks de 2012[36]. Para ficar mais claro, com esse dispositivo, ele consegue "ouvir" as cores. E o seu corpo se adaptou tão bem a esse dispositivo que o seu próprio cérebro criou novas vias neurais, que lhe permitem desenvolver um tipo avançado de percepção.

Há no caso, aqui, uma intervenção artística e um ganho de funcionalidade para ajudar uma deficiência congênita. Mas a

---

36 HARBISSON, Neil. *Eu escuto as cores*. TEDGlobal, 2012. Disponível em: https://www.ted.com/talks/neil_harbisson_i_listen_to_color?language=pt. Acesso em: ago. 2024.

antena do Neil é quase um manifesto para o uso de novas funcionalidades a serem desenvolvidas pelo corpo humano com o apoio de tecnologia. Há quem tenha buscado olhos biônicos ou visão infravermelho, o início de um universo que pode se abrir em possibilidades. Mas que, para o meu pacotinho, ainda me sinto uma mãe reagindo com certo ressentimento ao desejo do filho em fazer uma tatuagem...

A reposição de peças para viver mais é algo que me emociona. Seja na crença da bioengenharia – e do design inteligente que falamos por aqui (não no sentido religioso) –, seja nas soluções que levam tecnologia para dentro dos nossos corpos, uma relação ainda mais íntima homem-máquina.

Toda essa revolução de tecnologia a caminho e tanta sabedoria sobre o corpo humano contrasta com a minha realidade neste instante. Acabo de receber a notícia de que a minha primeira tentativa de transferência de embriões para o útero falhou. Exames hormonais perfeitos, endométrio excelente, embrião com nota máxima de qualidade, mas caiu na estatística dos 30% (mais ou menos) de chance de engravidar na minha idade, por esse método. Não há muitas explicações da parte dos médicos de por que o embrião não adere à parede do útero. Nesse caso, o conhecimento e a tecnologia ainda não têm respostas. Podemos dizer que o pacotinho decidiu esperar mais um pouco para conhecer este mundo. Tentemos novamente.

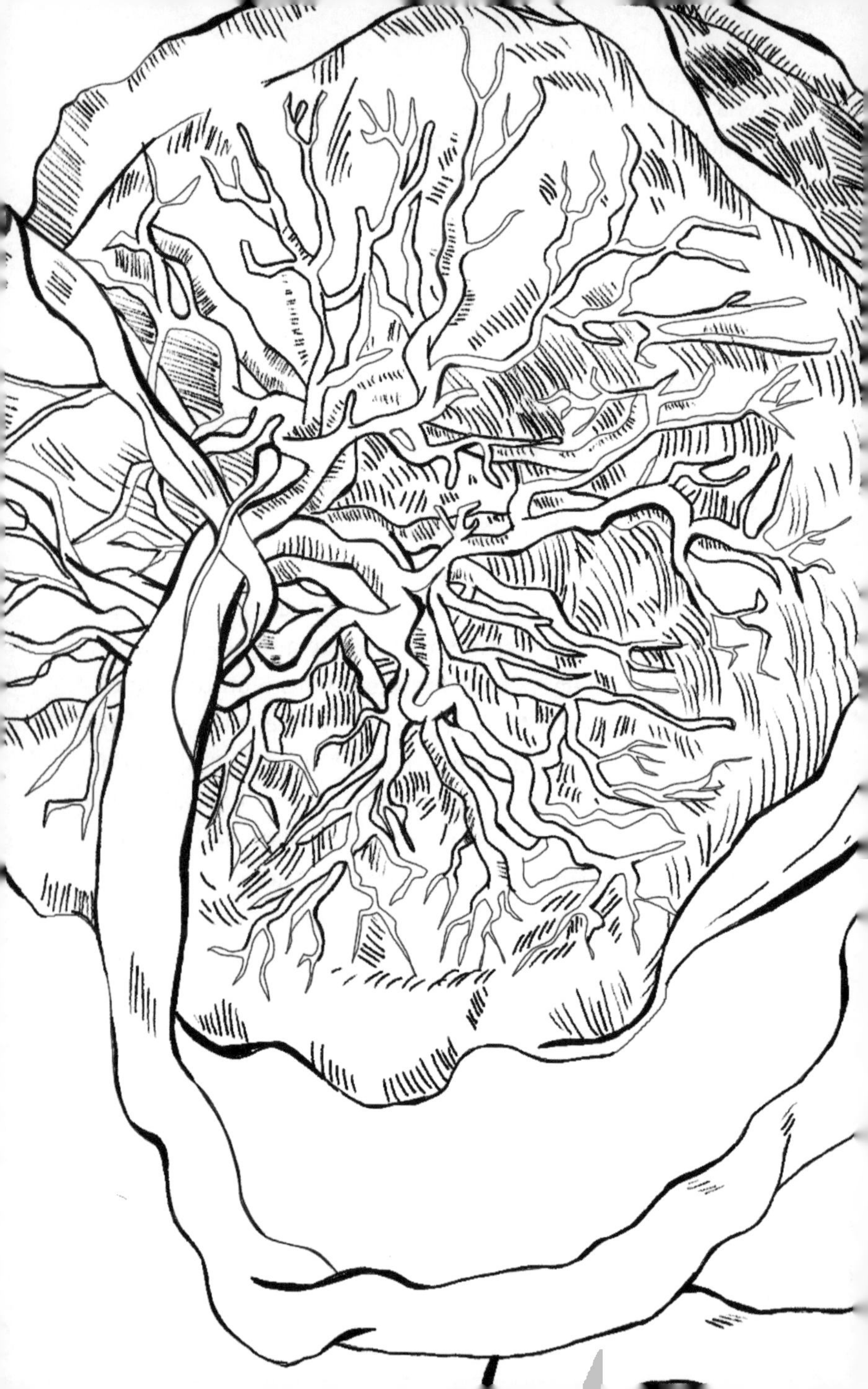

*CAPÍTULO 7

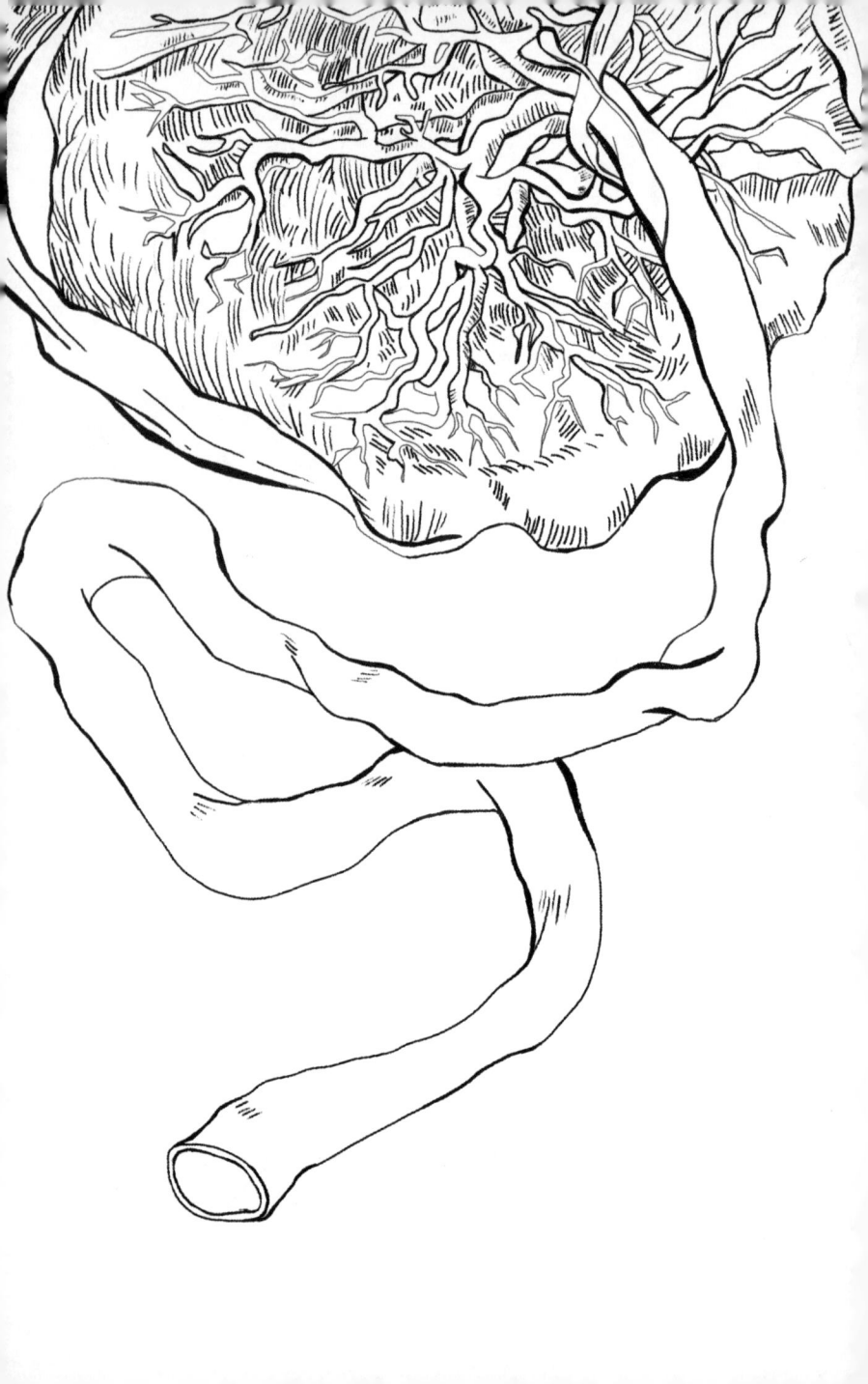

*E O PACOTINHO?

Em tempo, como citei em um capítulo anterior, estive experimentando o ChatGPT, a Inteligência Artificial queridinha do momento das redes sociais em 2022. Ele é um *chatbot* da startup OpenAI que conversa com os usuários por meios como Alexa ou Siri, mas em texto. Você pode perguntar qualquer coisa que ele responde com qualidade, em um texto bem compreensível. Aproveitei para saber quais os tópicos recomendaria para alguém que estivesse escrevendo um livro e recebi de volta a resposta abaixo, em inglês.

"Aqui estão algumas ideias de tópicos que poderiam ser abordados em um livro sobre futurismo:

_ Inteligência Artificial e seu impacto potencial no futuro do trabalho e da sociedade.

_ O futuro do transporte, incluindo o desenvolvimento de carros autônomos e o potencial para carros voadores.

_ O papel das fontes de energia renováveis na formação do futuro da indústria de energia.

_ O potencial de colonização do espaço e o impacto que poderia ter na humanidade.

_ O impacto da tecnologia na saúde e na medicina, incluindo o potencial da medicina personalizada e o uso da realidade virtual na terapia.

_ O futuro da educação e do aprendizado, incluindo o potencial para o aprendizado *on-line* e a distância se tornar mais prevalente.

_ O impacto da internet e das mídias sociais na forma como nos comunicamos e interagimos uns com os outros.

_ O potencial da realidade virtual e aumentada para revolucionar a forma como experimentamos o mundo.

_ O futuro da agricultura e produção de alimentos, incluindo o uso de engenharia genética e agricultura vertical.

_ O potencial de avanços em robótica e automação para transformar indústrias e revolucionar o mercado de trabalho."

Meu desejo não era escrever um estudo de tendências propriamente dito, nem um descritivo de tecnologias e seus desenvolvimentos, porém, fico orgulhosa de saber que eu e ChatGPT estamos bem alinhados. Nenhum desses tópicos passou despercebido por mim e, espero, também não para você.

Por outro lado, o "gancho" para toda essa conversa foi o desafio de buscar uma produção independente e realizar o desejo de ser mãe por meios tecnológicos. Encerro esse livro, entre muitas idas e vindas de edição, com três TECs (transferência de embrião) frustradas, duas que de fato cheguei a implantar embriões e uma que cheguei, por um breve momento, a ter meus testes de farmácia positivos. Além disso, dezenas de ultrassons foram realizados e mais duas cirurgias de retiradas de pólipos no endométrio. Tenho ainda quatro embriões congelados, aguardando um novo fôlego emocional e financeiro para iniciar mais uma rodada de tratamento. Foram dois anos tomando hormônios com uma frequência maluca, que me deixaram meio fora do eixo. E muitos exames para garantir que não há nada de errado comigo, com os embriões, com os hormônios, com o meu endométrio, com o esperma do doador etc.

Não escrevo essa longa lista para desanimar ninguém! Continuarei tentando e buscando tecnologias para me ajudar. É que, tenho sido tão sincera em todo livro, que não poderia deixar de trazer esses fatos para a mesa também – especialmente, porque não estava nem um pouco preparada para o desafio que vivi. Talvez porque muitas pessoas não contem com tanta franqueza o quanto é uma montanha-russa esse processo de FIVs, TECs, hormônios e frustrações. Gostaria de ter lido mais sobre os desafios de não se achar problemas. Sim, o desafio puro e simples da estatística, que não depende muito de você, do médico ou do tratamento.

Um dos médicos que me ajudou nesse processo define bem: "por mais que tenhamos todos os exames perfeitos e tudo sob controle, há uma janela entre a implantação dos embriões no endométrio e os exames de beta HCG (hormônio que só aparece no organismo com a gravidez) positivos que não conseguimos explicar. Há um sopro divino que desconhecemos como ele se dá." Não estou indo para a espiritualidade para entender esse desafio, pelo contrário, investigando um pouco mais, descobri que o endométrio, essa parte do nosso corpo tão fundamental à vida, é ainda superdesconhecido.

Por vários motivos, desde os mais óbvios – como o desafio de se fazer testes e exames arriscados de pesquisa em mulheres grávidas ou em início de gravidez –, até os mais preocupantes como o fato de que até muito recentemente pouco investimento e pesquisa eram dedicados em larga escala para desafios uterinos como a endometriose, por exemplo.

A nova onda das chamadas *femtech* ou tecnologias dedicadas à saúde feminina, chegam agora muito além de fazer o básico bem-feito e começam a apresentar, finalmente, soluções e tratamento para dores do útero antigas. Agora, no fim de 2023, pela primeira vez temos na história uma primeira possibilidade de medicamento para tratar a endometriose. Estamos falando de uma doença que a Organização Mundial da Saúde diz afetar uma em cada 10 mulheres no mundo, pelo menos uma vez na vida, próximo ao mesmo volume da população afetada pela diabetes. A novidade vem da Escócia, dos estudos do médico Andrew Horne, professor de ginecologia na Universidade de Edimburgo. Loucura, não?

De qualquer forma, para as tentantes mundo afora, fica aqui meu carinho e reconhecimento pela resiliência, muitas vezes silenciosa, que esse processo exige. Gostaria de explorar mais sobre essas histórias em algum outro momento.

Resiliência e **ressentimento** foram palavras fortes no mundo nos últimos anos. Viemos (e ainda vivemos) de crises globais em várias instâncias, saúde, política, geopolítica e agora financeira. Manter o foco e continuarmos foi muito difícil, haja vista a atual pandemia de saúde mental da qual falamos um pouco por aqui. Também ficamos ressentidos, mais raivosos, intolerantes. Por isso falei também, do desafio de lidar com a diversidade de ideais em um mundo muito preocupado em "pregar para convertidos" e se manter em bolhas.

Estamos no processo de cura desse desconforto com o outro e com o contraditório, concordo com a psicanalista e filósofa francesa Cynthia Fleury, que, em seu livro *Curar o Ressentimento*, de 2023, defende que precisamos combater essa "praga emocional" que pode ameaçar a democracia. "O ressentimento é um fracasso da alma, do coração e da mente, mas reconheçamos que uma relação com o mundo que não passa por essa prova talvez não esteja totalmente testada. Saber admirar, reconhecer o valor dos outros, é um verdadeiro antídoto contra o ressentimento."

> ✳ **Reunião**
>
> 1. Ato ou efeito de reunir(-se). 2. Evento em que ocorre o encontro de várias pessoas, em determinado local, geralmente para recreação ou convívio social. 3. Encontro de pessoas, a fim de tratar de determinados assuntos, geralmente de negócios. 4. Conjunto de coisas, geralmente da mesma natureza. 5. Mistura de coisas diversas que formam um conjunto.
>
> Dicionário Michaelis

A próxima palavra que vejo em um futuro próximo é mais **reunião**! Calma, nada de mais *calls* e horas no *meetings*. Digo no sentido original, de mais encontros entre pessoas, ideias, sonhos, desejos de futuro. Precisamos tratar as dores que os "R" citados anteriormente causaram. Fazer um movimento de agrupamento após uma dispersão geral que veio como uma reação a um meteoro que caiu na terra nos últimos anos e espalhou nossas partículas para todos os lados. Precisamos buscar novas forças que nos atraem uns aos outros, buscar convergir mais, concordar mais nos pontos importantes e olhar mais para nossa saúde social. Esse seria meu desejo – e uma aposta – de curto prazo para os movimentos que veremos a seguir.

*POSFÁCIO
POR RUY SHIOZAWA

O título deste livro – *O futuro nasceu antes* – não apenas traduz perfeitamente o conceito que Mariana Fonseca compartilha ao longo das mais de 180 páginas como remete, também, ao lema do Ecossistema Great People. No nosso caso, **O futuro entregue no presente** explica o compromisso que assumimos com a sociedade em apoiar as múltiplas e novas demandas de um mundo plural, mas que pede respostas personalizadas. As semelhanças entre os títulos e lemas não é apenas uma coincidência. É a clareza de que o intervalo entre presente e futuro está cada vez menor, o que torna mais desafiador fazer projeções e vital se renovar, reciclar e se desenvolver – seja como indivíduo, seja como organização.

Há quase três décadas o Great Place to Work® vem ouvindo funcionários em mais de 100 países e traduzindo anseios e necessidades desses colaboradores para as organizações. Não é exagero dizer que o exercício de reconhecer as Melhores Empresas para Trabalhar – iniciado pelo americano Robert Levering, na década de 1980 e disseminado globalmente pelo brasileiro José Tolovi Jr. – foi responsável por subir a régua da gestão de pessoas e, assim, melhorar as relações de trabalho em vários ambientes organizacionais. Afinal, passamos a oferecer uma ferramenta de análise fundamental para que os líderes das organizações pudessem guiar suas decisões e objetivos de negócios: o diagnóstico do seu clima, avaliado por meio da relação de confiança dos funcionários com suas empresas.

Mas, o mundo no século XXI, pós-pandemia, traz novos elementos para essa história, aumentando a complexidade da gestão de pessoas. A boa notícia é que esse futuro (que já é presente) trouxe ferramentas muito mais avançadas capazes de entender melhor as pessoas no ambiente organizacional. Se antes podíamos identificar, por meio de pesquisas, o que cada um queria na empresa, hoje, conseguimos identificar, por meio da neurociência, como cada um sente. É um salto significativo na construção de um novo relacionamento de confiança e na promoção de um excelente ambiente de trabalho. Como escreveu Mariana, no capítulo três: "Não podemos enxergar os problemas só com o filtro de uma única habilidade. Se levarmos em conta o volume de problemas complexos que temos enfrentado, é nítido que colocamos todas as armas que temos disponíveis para enfrentá-los. E, possivelmente, quanto mais diversas essas armas forem, mais ricas serão as soluções."

E é assim que eu enxergo o futuro: de forma otimista. Afinal, ao termos acesso a outras variáveis nessa equação complexa do mundo do trabalho, conseguimos hoje promover análises mais profundas e assertivas, identificando com mais clareza as soluções a serem adotadas para cada situação. Pegando como exemplo o nosso próprio negócio, temos hoje uma área de pesquisa, inovação e desenvolvimento – a Turing –, que está 100% dedicada em encurtar a distância entre a academia e as empresas, gerando dados e análises para as organizações colocarem em prática seus planos de ação. Isso significa entregar o Futuro no Presente!

Como bem apontado pelo psicanalista Jorge Forbes, algumas vezes citado por Mariana, a sociedade hoje é *diversa no lugar de focada; colaborativa em vez de hierárquica; múltipla em vez de padronizada; flexível e não rígida.* A tecnologia e a inteligência artificial – espinha dorsal da narrativa deste livro – têm sido a grande responsável por essas mudanças desde sempre. A diferença é que hoje as mudanças ocorrem de forma muito mais acelerada, exigindo de nós líderes uma adaptação mais ágil e capacidade de enxergar o mundo sob diversas perspectivas – e novas variáveis.

Nesse mundo de múltiplas escolhas – que permite até optar pelo sêmen mais adequado para uma gestação independente, como no caso de Mariana – de múltiplas gerações e múltiplas ferramentas, acreditamos na proximidade como principal aliada na construção das novas relações de confiança. É preciso colocar as pessoas definitivamente no centro das decisões e das organizações – não apenas como um discurso ou um enfeite de parede – mas como essência e cultura. Não à toa escolhemos o nome Great People para nosso ecossistema. Afinal, para ser uma excelente empresa é preciso ter as melhores pessoas – em sua integridade. E esse é um dos aspectos da nova gestão a que a liderança precisa estar preparada.

Por anos, nos acostumamos a dividir a vida em "profissional" e "pessoal" e, consequentemente, o indivíduo entre um "crachá ou um título" e uma "pessoa". E numa sociedade digital, colaborativa, flexível e diversa essa divisão não faz o menor sentido. O problema é que desconstruir esse modelo mental que se arrasta desde a era industrial não é simples, nem rápido. Leva tempo. Um tempo que já percebemos é escasso numa era de velocidade. Como consequência, temos vivenciado uma distância enorme entre as demandas da atual sociedade e as ofertas do mercado de trabalho. E essa lacuna tem provocado aumento nos índices de desengajamento, rotatividade de profissionais, afastamentos por doenças relacionadas à saúde mental e levado toda a uma geração a não querer mais ser líder, criando um buraco na linha sucessória de muitas empresas. O prejuízo desse descompasso é gigante. Segundo o último levantamento da Gallup, essa "epidemia do desengajamento" tem gerado 7 trilhões de dólares em perda de produtividade no mundo.

Nosso compromisso como Ecossistema que conta com oito pilares de negócios – Leadership, ESG, Diversity, Books, Consulting, Mental Health, Tech, Energy e Partners, além do Turing – é justamente diminuir essa lacuna entre as expectativas dos profissionais e o que as empresas estão oferecendo para continuar melhorando as relações de trabalho e, assim, construirmos uma sociedade melhor.

O filho de Mariana deve nascer em um mundo completamente diferente daquele que eu nasci. Mais ágil, mais tecnológico, mais horizontal, mais colaborativo, mais diverso e muito menos previsível. E, o filho de Mariana deve viver muito mais que meus pais viveram, podendo facilmente passar dos 100 anos. A expectativa de vida ao nascer hoje no Brasil é 75,5 anos. Quando minha mãe nasceu, em 1923, era de 33 anos! Será um mundo extraordinário, eu não tenho dúvidas. Mas precisamos fazer nossa parte. Cabe a todos nós cuidar desse planeta, que dá sinais cada vez mais evidentes de adoecimento, para que todos os avanços que conquistamos em todas as áreas não tenham sido em vão. Não basta apenas vivermos mais – é preciso vivermos bem e provocar o bem para termos um mundo verdadeiramente melhor.

Ruy Shiozawa é *cofounder* e CEO do Ecossistema Great People & GPTW. Engenheiro de Produção pela Escola Politécnica da USP, foi CEO por 15 anos do GPTW e executivo de TI em grandes empresas brasileiras e multinacionais.

*AGRADECIMENTOS

Decidi escrever este livro como forma de terapia e, claro, com um convite e incentivos contínuos da minha amiga querida Betânia Lins – que acreditou em mim, mesmo quando eu achei que essa ideia não ia dar certo. Foram anos muito difíceis para mim – e, creio, para todo mundo. Uma ressaca pandêmica na esfera pública, um desgaste de relacionamentos na esfera privada. Dopada de hormônios, medos e frustrações do processo de FIV, que parece algo infinito, eu me apeguei ao texto como forma de ocupar a cabeça com pensamentos de futuros que sempre me interessam. Especialmente nos momentos de perda – ou aborto dos embriões pós-transferência, assunto que poucos acolhem ou mal reconhecem como luto. Agradeço, em especial, às amigas que compartilharam suas perdas e processos comigo. Como trouxemos no livro, há mais gente nessa jornada de desafios de gravidez e criação de vida em laboratório do que as aparências sociais deixam transparecer. Não vou citar nomes para não expor histórias pessoais, mas sou muito agradecida por me incluírem nesse grupo e compartilharem suas dores.

No paralelo, também encarei o desafio de fazer a minha primeira obra (de engenharia mesmo), construindo uma casa. Mudei de cidade, tive que morar um tempo de novo com meus pais e minha avó; em um apartamento emprestado, entre Belo

Horizonte e São Paulo, levando dois cachorros amados (Eugênio e Olívia, meus calmantes) a tiracolo, para uma vida nômade de quase dois anos. Um livro que é filho do caos.

Para que eu sobrevivesse a isso tudo, contei com o apoio eterno de meus alicerces: mãe, pai e irmão. Além da força e do foco da minha "marida", minha amiga da vida, Marina Castanheira, sempre me acolhendo no primeiro grito de socorro. E, sem sombra de dúvida, de uma rede de apoio de amigos, parceiros de trabalho, tias adotadas, amigas emprestadas, profissionais de saúde e, inclusive, mestre de obra – que aguentaram o meu cansaço e insegurança mais do que acentuada. Vocês acompanharam essa montanha-russa e ter esse acolhimento fez toda a diferença.

Gratidão profunda.

©2024, Pri Primavera Editorial Ltda. | Great People Books

Equipe editorial: Lu Magalhães, Larissa Caldin, Joana Atala e Sofia Camargo
Pesquisa Técnica: Betânia Lins
Preparação: Betânia Lins e Marina Montrezol
Revisão de texto: Fernanda Guerriero Antunes
Projeto Gráfico e Capa: Thais Felix
Diagramação: Lucas Saade

Dados Internacionais de Catalogação na Publicação (CIP)
Angelica Ilacqua CRB-8/7057

Fonseca, Mariana
 O futuro nasceu antes / Mariana Fonseca. — São Paulo :
Primavera Editorial, 2024.
Pesquisa Ténica: Betânia Lins
188. : il.

ISBN : 978-85-5578-163-6

1. Tecnologia – Aspectos sociais 2. Futuro 3. Fertilização
humana in vitro I. Título

24-3810   CDD 303.483

Índices para catálogo sistemático:
1. Tecnologia – Aspectos sociais

GREAT PEOPLE Books

Av. Queiroz Filho, 1560 – Torre Gaivota Sl. 109
05319-000 – São Paulo – SP
Telefone: + 55 (11) 3034-3925
+ 55 (11) 99197-3552
www.greatpeoplebooks.com.br
contato@primaveraeditorial.com

edição	setembro de 2024
impressão	plena \print
papel de miolo	offset 90
papel de capa	cartão triplex
tipografia	Merriweather; Raleway

GREAT PEOPLE Books

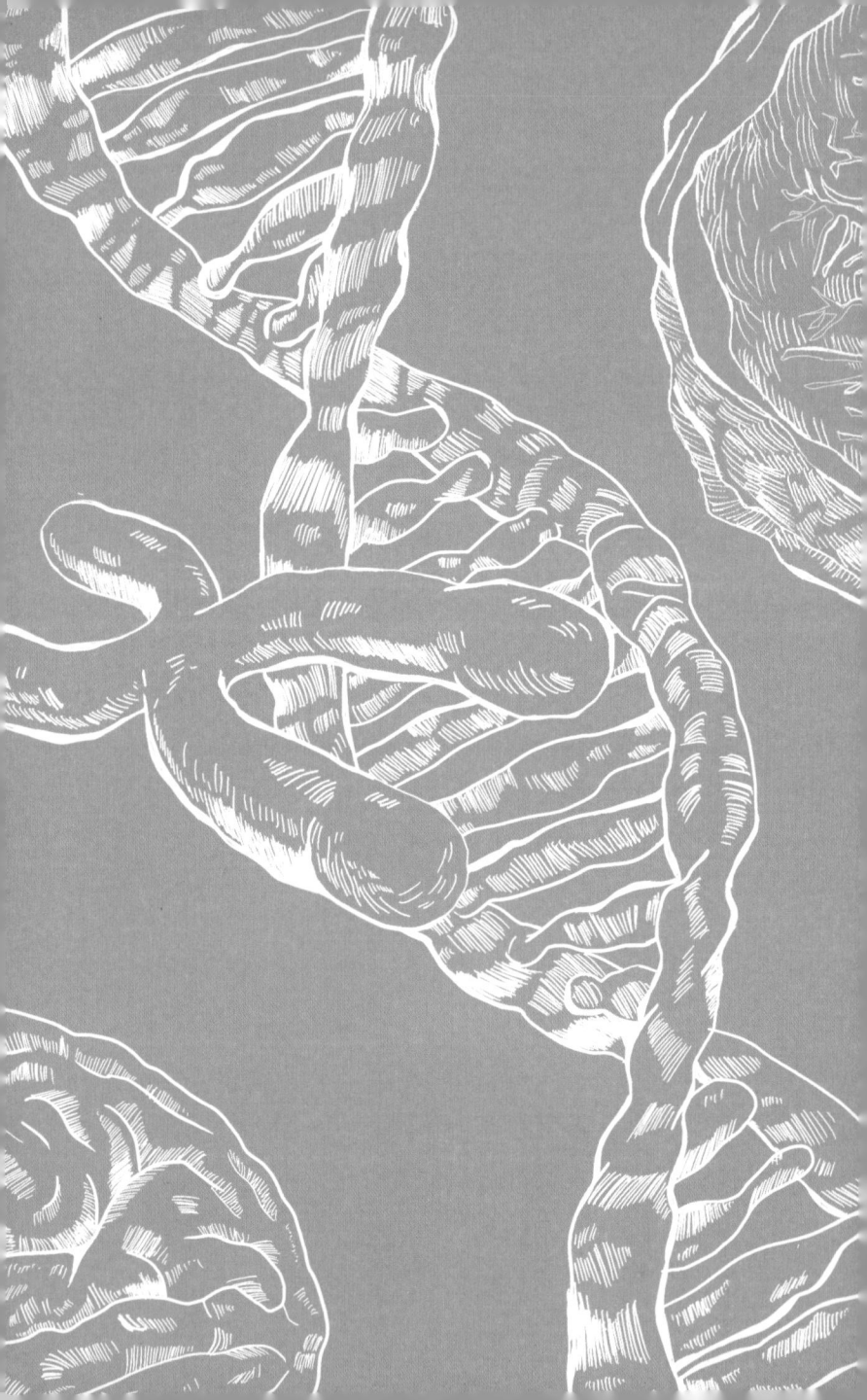